Sachunterricht

Dinos, Steinzeit, Römer, Mittelalter

im (fast) papierfreien Projektunterricht

Antje Fries

Verlag an der Ruhr

Impressum

Titel
Sachunterricht live!
Dinos, Steinzeit, Römer, Mittelalter
im (fast) papierfreien Projektunterricht

Autorin
Antje Fries

Titelbildfoto
© StudioAraminta – Fotolia.com

Titelbild-Illustration
Dorothee Wolters

Illustrationen
Dorothee Wolters u.a.

Verlag an der Ruhr
Mülheim an der Ruhr
www.verlagruhr.de

Geeignet für die Klassen 1 – 4

Unser Beitrag zum Umweltschutz
Wir sind seit 2008 ein ÖKOPROFIT®-Betrieb und setzen uns damit aktiv für den Umweltschutz ein. Das ÖKOPROFIT®-Projekt unterstützt Betriebe dabei, die Umwelt durch nachhaltiges Wirtschaften zu entlasten. Unsere Produkte sind grundsätzlich auf chlorfrei gebleichtes und nach Umweltschutzstandards zertifiziertes Papier gedruckt.

ISBN 978-3-8346-0783-6

Printed in Germany

Inhaltsverzeichnis

Vorwort

Es sind bestimmt keine neuen Forderungen der Pädagogik, dass Unterricht mit „Kopf, Herz und Hand" zu geschehen habe, dass **Lernen „be-greifbar"** sein müsse oder am besten über unmittelbare Erfahrungen, so genannte **„Originalbegegnungen"** funktioniere.

Der Umbau von Schulen zu **offenen Lernwerkstätten** wird empfohlen, und prinzipiell würden das wohl auch die meisten Lehrer* bedenkenlos unterschreiben, aber die Umsetzung gestaltet sich oft schwierig. Wie soll man angesichts immer weiter steigender Anforderungen im pädagogischen wie administrativen Bereich das noch schaffen? Es geht! **Geöffnete Unterrichtsmethoden** bedeuten zwar am Anfang mehr Arbeit, sie zahlen sich aber nach einiger Zeit aus, da die Kinder viel **selbstständiger und eigenverantwortlicher lernen**.

Mit diesem Buch möchte ich eine **erlebnisorientierte Methodik** für den Sachunterricht vorstellen, die zwar nicht neu ist, für die es aber bisher an praxistauglichen Materialien mangelt.
Die neuen Richtlinien und Lehrpläne der Länder fordern seit einigen Jahren einen **schülerzentrierten, forschend-entdeckenden Sachunterricht**, der fachliche, aber vor allem methodische Kompetenzen fördern soll. Das ist bei einem lehrerzentrierten Unterricht, der sich hauptsächlich um „Sekundärmedien" wie Lehrwerke und Kopiervorlagen dreht, längst nicht so effektiv wie das Handeln mit dem konkreten Lerngegenstand.

Das heißt in unserem Fall: Die Kinder füllen keine Flut von Arbeitsblättern aus, sondern sie erschließen sich die Sachthemen durch konkretes Handeln und Experimentieren.
In den hier vorgestellten **vier verschiedenen Modulen** erwerben die Kinder nicht nur historisches Wissen, sondern auch Handlungskompetenz. Durch die Angebote in diesem Buch lernen sie die prähistorische Zeit der Dinosaurier kennen – außerdem das Leben und die Arbeit der Menschen in der Steinzeit, im Römischen Reich und im europäischen Mittelalter zu schätzen.

Den „Besucherklassen" meiner **„Schule im Grünen"** erzähle ich immer, ich sei ganz „normale" Grundschullehrerin. Das stimmt einerseits natürlich, andererseits aber auch nicht mehr: Seit einigen Jahren bin ich aus dem Schuldienst zum Aufbau und Betrieb eines außerschulischen Lernortes abgeordnet.
„Meine" Schule liegt mitten **im Wormser Erlebnisgarten**, dem ehemaligen zentralen Schulgarten. Hier sind ein Waldkindergarten, ein Hort, ein ehrenamtlich betriebenes Handwerkerdorf, eine „Bienenschule" des Imkerverbandes und eben die Schule angesiedelt, um Kindern **Naturerlebnisse zu vermitteln** und zum **nachhaltigen Umgang mit der Umwelt** anzuregen. Zudem können interessierte Gruppen aller Altersstufen Beete bewirtschaften, Projekte buchen oder eigene Einzelveranstaltungen durchführen.

In der Schule im Grünen biete ich mit Unterstützung einer Hilfskraft Projekttage für Schulklassen an, die auf dem Rahmenplan Sachunterricht basieren. Im Lauf der Zeit habe ich gemerkt, wie wichtig mir dieser **„Unterricht ohne Papier"** ist. Wenn ich morgens mir fremde Klassen nach ihrem Vorwissen zum Tagesthema frage, kommt häufig: „Da haben wir ganz viele Blätter gekriegt!", aber was darauf stand, wissen dann nur noch die wenigsten. Die handelnd erlebten Situationen in Projekten bleiben jedoch problemlos im Gedächtnis!
In diesem Sinne hoffe ich, Sie haben Lust, mit mir die Ärmel hochzukrempeln und Ihre Kinder auf eine spannende Erlebnisreise in die Vergangenheit mitzunehmen.

Antje Fries

* Aus Gründen der besseren Lesbarkeit haben wir in diesem Buch durchgehend die männliche Form verwendet. Natürlich sind damit auch immer Frauen und Mädchen gemeint, also Lehrerinnen, Schülerinnen etc.

Modul A:

Dinosaurier

Zur Sache

Unsere Erde ist ungefähr **4,5 bis 5 Mrd. Jahre alt**. Zuerst war sie nur eine riesige Wolke aus Staub und Gas, ihre Oberfläche glühend heiß. Mit dem allmählichen Abkühlen verwandelte sich der vorhandene Dampf in Wasser und formte die Ozeane. In diesen wuchsen dann vor etwa 2 Mrd. Jahren **erste Algen**. Danach dauerte es wieder sehr lange, bis sich etwas tat: Erst vor etwa 570 Mio. Jahren entstanden **Weichtiere und wirbellose Tiere** im Wasser, vor rund 500 Mio. Jahren **Fische**.

Auf dem Land entstand Leben erst, nachdem sich vor etwa 400 Mio. Jahren **Pflanzen** dort ausbreiteten. **Insekten** gibt es seit 395 Mio. Jahren. Vor 280 Mio. Jahren entwickelten sich die ersten **Dinosaurier**. Diese Phase, von vor 280 bis 225 Mio. Jahren, heißt Perm.
In der nachfolgenden Zeit (vor 225 bis 193 Mio. Jahren), Trias genannt, gab es neben Sauriern auch **erste Säugetiere**. Der erste **Vogel** flog wohl in der Zeit des Jura (vor 193 bis 136 Mio. Jahren). In besonders zahlreichen Formen traten die Saurier in der Kreidezeit auf. Sie war vor 136 bis 65 Mio. Jahren.

Trias, Jura und Kreidezeit werden zusammen auch als **Mesozoikum, Erdmittelalter**, bezeichnet. Die Erdneuzeit (Känozoikum) begann mit dem Aussterben der Saurier vor etwa 65 Mio. Jahren. Ihre erste Phase ist das Tertiär (vor 65 bis 2 Mio. Jahren), die zweite das Quartär (vor 2 Mio. Jahren bis zum Beginn unserer Zeitrechnung). Erst im Quartär entwickelte sich der Mensch.

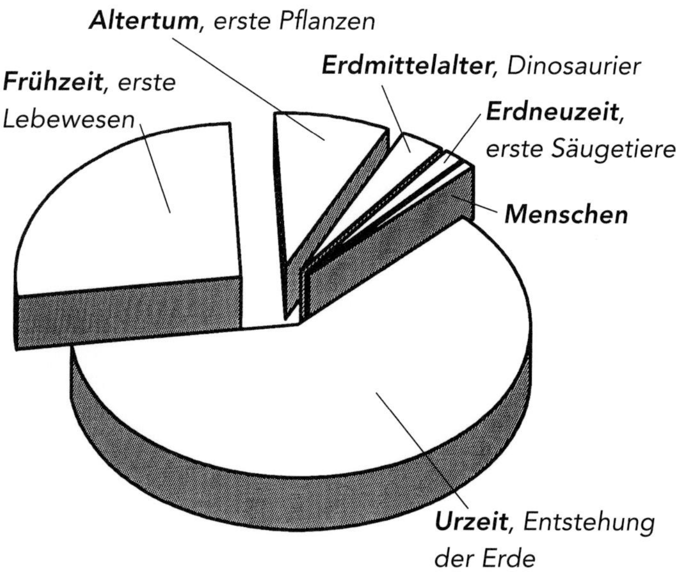

Zeiträume der Erdgeschichte als optische Veranschaulichung

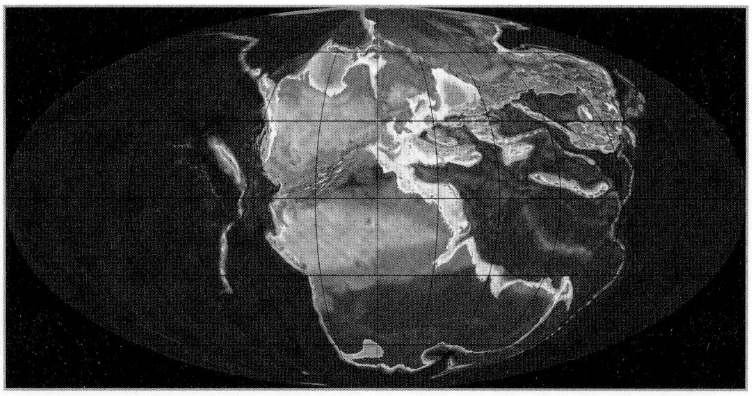

Im Zeitraum von Karbon bis Jura, als sich die ersten Reptilien entwickelten, bis zur Hochzeit der Dinosaurier, gab es noch eine zusammenhängende Landmasse, Pangäa genannt.

Übersicht über die Erdzeitalter

vor ... Mio. J.	Zeitalter	wichtig	Tiere	Pflanzen	Gebirgsbildung
570–500	Kambrium	Leben nur im Meer, Mitteleuropa teilweise meeresbedeckt, kühles Klima, Temperatur langsam ansteigend	wirbellose Tiere, Weichtiere, Trilobiten	Algen	
500–430	Ordovizium	mildes Klima, langsam steigende Temperatur	erste Wirbeltiere, Fische, Korallen	Algen	Thüringer Schiefergebirge
430–395	Silur	Deutschland weitgehend meeresbedeckt, starke Bewegung der Erdkruste, Klima wärmer und trockener	Kopffüßler, Korallen, Panzerfische, viele Fische	erste Landpflanzen, erste Gefäßpflanzen	schottische und norwegische Gebirge
395–345	Devon	s.o.	Muscheln, Fische, erste Amphibien und Insekten	Sporenpflanzen, Nacktfarne	Ural
345–280	Karbon		erste Reptilien, Insekten	Farngewächse, erste Nacktsamer, große Steinkohlewälder	Rheinisches Schiefergebirge, Erzgebirge, Harz
280–225	Perm	Zeitalter der Amphibien	Fische, Amphibien, Insekten, säugetierähnliche Reptilien, erste Saurier	Farne, Nadelgehölze, erste Gingko-Gewächse	
225–193	Trias	s.o.	erste Säugetiere, Saurier, Frösche Schildkröten	Pflanzen entwickeln sich weiter	
193–136	Jura	Zeitalter der Reptilien	erste Vögel, Saurier	s.o.	Anden
136–65	Kreide	s.o.	Saurier, Säugetiere, Schlangen	Bedecktsamer, Blütenpflanzen	Rocky Mountains, Himalaja, Alpen
65–2	Tertiär	Zeitalter der Säugetiere	Ausbreitung der Säugetiere	Ausbreitung der Pflanzen	Pyrenäen
2–0	Quartär	s.o.	Mensch	s.o.	

Dinosaurier werden in zwei große Gruppen eingeteilt: Echsenbecken- und Vogelbecken-Dinosaurier.

Bei den **Echsenbecken-Dinosauriern** (Saurischia) zeigen die unteren Beckenknochen in unterschiedliche Richtungen (wie bei Eidechsen). Dadurch war zweibeiniges Laufen möglich.
Zu dieser Gruppe gehören z.B. frühe pflanzenfressende Dinosaurier, die Sauropoda (Echsenfüßer, wie z.B. Apatosaurus, Diplodocus) und Fleischfressende Dinosaurier.
Parallel liegend und nach hinten zeigend sind die Beckenknochen bei den **Vogelbecken-Dinosauriern** (Ornithischia) zu finden. Zu dieser Gruppe zählen u.a. Stegosaurier, Ankylosaurier, Vogelfüßer, wie z.B. der „Entenschnabel" und Ceratopsia, alle Pflanzenfresser.

Das **Klima** während der „Dino-Zeit" war **wärmer und feuchter** als heute, zudem gab es noch keine deutlich unterschiedlichen Klimazonen auf der Erde, zumal sich auch erst im Jura der Urkontinent Pangäa in einen nördlichen und einen südlichen Teil zu spalten begann. Erst gegen **Ende der Kreidezeit** bestanden die **Kontinente in etwa in der heutigen Form**.

Über die Gründe für das Aussterben der Dinosaurier vor etwa 65 Mio. Jahren gibt es viele Theorien:
Ein **Meteorit** könnte auf der Erde eingeschlagen sein, weshalb es zu einer Explosion kam, durch die riesige Rauchwolken die Bahn zur Sonne verdunkelten, die Erde abkühlte und nur bestimmte Tierarten überlebten, bis sich der Staub nach einigen Jahrzehnten oder Jahrhunderten wieder verzogen hatte.
Andere Forscher vertreten die These, dass es schlicht zu einer **Abkühlung des Klimas** gekommen sein könnte, die die Dinosaurier nicht verkrafteten und deshalb ausstarben. Diese Abkühlung hat wahrscheinlich bereits in der Kreidezeit begonnen.

Manche gehen auch davon aus, dass die Bestände der Dinosaurier durch die **aufkommenden Säugetiere** geschwächt wurden, die sich auf den Raub von Saurier-Eiern spezialisiert hatten. Aber sowohl über den wahren Grund für das Aussterben wie auch über die Farbe der Saurier können nur Vermutungen angestellt werden. Nur die Rekonstruktion von Fossilien und deren wissenschaftliche Untersuchung gibt noch Aufschluss über Gestalt und Lebensweise.

Fossilien erzählen uns viel über die Geschichte der Dinosaurier

Die Absicht

Alle geschichtlichen Themen sind bei Kindern höchst beliebt, doch die Dinosaurier dürften mindestens unter den Top-3 rangieren. Wahrscheinlich gerade deshalb, weil sie schon lange ausgestorben sind und niemals mit Menschen zusammengetroffen sind. Die Vorstellung, dass Mensch und Dinosaurier die gleiche Zeit teilen könnten, beflügelt natürlich die Fantasie der Kinder. Ihre teilweise enorme Größe und exotische Andersartigkeit tun ein Übriges, um eine Faszination auszulösen.
Sie wirken ebenso spannend wie unheimlich auf uns. Seit Beginn des 20. Jahrhunderts tauchen Dinosaurier verstärkt in Literatur und Film auf, mit dem vorläufigen Höhepunkt der „Jurassic Park"-Trilogie, die in den 1990er-Jahren eine regelrechte Dino-Manie auslöste – vor allem bei Kindern und Jugendlichen. Aussehen, Lebensweise und Größen sind die zentralen Punkte für einen Projekttag, an dem das Thema handelnd angegangen werden soll.

Sollten Sie die Möglichkeit haben, Dinosaurier (quasi) „live" zu erleben, also ein Museum in der Nähe haben, in dem Skelette und Versteinerungen zu sehen sind, nutzen Sie diese Chance unbedingt zu einem Klassenausflug: Nichts ist so beeindruckend, wie neben einem riesigen Dinosaurier zu stehen: So lässt sich die enorme Größe viel deutlicher machen.

Ein Highlight für jedes Kind: Der Besuch in einem historischen Museum mit Dino-Skeletten

Der Projekttag „Dinosaurier"

„Soooo groß war also der Triceratops!"

Der Projekttag zum Thema Dinosaurier in der vorgestellten Form sollte am besten am Anfang einer **historischen Unterrichtsreihe** stehen. Die **Übersicht über die Erdzeitalter** sollte den Kindern grob bekannt sein, und auch die **Entstehung von Fossilien** (als einzigen „Zeugen" des Lebens in der Urzeit) vorher besprochen zu haben, wäre von Vorteil. Alles Weitere ergibt sich aus der Arbeit am Thema.

Der Tag beginnt mit der Einladung, einen **„Paläontologen-Kongress"** vorzubereiten. Dazu muss natürlich geklärt werden, was ein Paläontologe ist und was er so tut. Das geht flott und sollte Sie nicht lange aufhalten – denn garantiert wartet Ihre Klasse schon sehnsüchtig auf aktivere Phasen. Also lassen Sie in Kleingruppen von drei bis fünf Kindern (idealerweise draußen) **Dinosaurier-Skelette ausgraben**. Danach folgt eine Besprechung, was mit den Skeletten getan werden kann: ein relativ offenes Angebot, das aber immer zielführend sein wird, da der Kongress im Hintergrund steht und allen bewusst ist.

Wenn sich die Gruppen zu einer Arbeitsweise entschlossen haben, müssen sie zunächst ihr gefundenes **Skelett identifizieren**. Dazu benötigen Sie jede Menge **Dino-Sachbücher**, die Sie aus der Schulbücherei, der öffentlichen Bücherei und garantiert allen Elternhäusern bekommen. Ein **Internetzugang** ist **für Spezialfragen** ebenfalls hilfreich.

Für die gerade ausgemachten Arbeiten wird eine festgelegte Zeitspanne verabredet, um das Projekt irgendwann auch wieder zusammenzuführen. Die Gruppen werden nicht fertig, müssen aber ohnehin noch an Folgetagen im Rahmen der Freiarbeit o.Ä. am Thema arbeiten, damit sie die Menge bewältigen können. Ganz wichtig – dies muss gleich zu Beginn klarwerden:
Die Gruppen sollen in ihrer Arbeit nicht unterbrochen werden, sondern sie sollen einen Anfang machen, der von Ihnen (und ggf. anderen Helfern) begleitet wird, damit sie später **selbstständig in der Freiarbeit** am Thema weiterarbeiten können.

Ganz konkret folgen danach **Querverbindungen zum Mathe- und Kunstunterricht**. Anhand des „eigenen" Sauriers sollen **Größenmaßstäbe berechnet** werden. Zudem gilt es, den **Dino in Originalgröße** auf den Schulhof zu zeichnen.

Mit einer Stationenarbeit geht es weiter, die sich um die **Herstellung von Fossilien**, den **Urkontinent Pangäa** und **Gastrolithen**, die „Magensteine" einiger Saurierarten, dreht.

Zum Abschluss wird die weitere Vorgehensweise geplant: Was müssen wir zur Vorbereitung eines Paläontologen-Kongresses noch tun? Eine **Ausstellung vorbereiten**? Die Presse informieren?

Ablaufplan für den Projekttag „Dinosaurier"

Was wird gemacht?	Ort/Form/Zeit	Material
Besprechung des Tagesablaufs: Planung und Durchführung eines Paläontologen-Kongresses	Klassenraum Plenum *10 Minuten*	
Rekonstruktion von Skeletten	Klassenraum Gruppenarbeit *10 Minuten*	6 Tabletts/flache Schalen mit ggf. laminierten und zerteilten „Saurierskeletten" (S. 16–21), 6 komplette Skelette als Kontrollblätter, ggf. Kleber, ggf. 6 Plakate zum Aufkleben der Saurierskelette
Besprechung: Was machen wir mit den Skeletten?	Klassenraum Plenum *10 Minuten*	
Skelettbestimmung und Erforschen des Sauriers	Klassenraum oder Bücherei oder Computerlabor Gruppenarbeit *45 Minuten*	Sachbücher, Lexika, Internet Plakate erstellen? Lesekarten für die anderen erstellen? Quartettkarten? Steckbriefe?
Maßstabs-Berechnungen	Klassenraum Gruppenarbeit *20 Minuten*	maßstabsgerechte Ausdrucke der 6 Saurier (S. 23–25), Lineal und Bleistift für jede Gruppe
Maßstabs-Zeichnungen	Schulhof Gruppenarbeit *45 Minuten*	Straßenkreide oder Tafelkreide, Maßbänder (z.B. 20 m, aus der Turnhalle), Zollstöcke, ggf. Seile mit exakter Länge (2 m, 4 m …)
Besprechung der Stationenarbeit	Klassenraum Plenum *10 Minuten*	

Stationenarbeit: a) Fossilien herstellen	**3 Stationen** a) Klassen- oder Werkraum	a) Kopiervorlage „So entstehen Fossilien" (S. 28), ggf. laminiert, etwa 4 Stangen Knete pro Kind eine Teigrolle oder Plakatrolle, 5-kg-Beutel Gips, Wasser, Eimer oder Schüssel zum Anrühren, Rührlöffel, ein Paket Zahnstocher, ein altes Zeitungsblatt pro Kind, Muscheln, Schneckenhäuser, Knochen, Pflanzenteile usw.
b) Kontinentaldrift	b) Klassen- oder Werkraum	b) Kopiervorlagen „Kontinentalverschiebung" (S. 29) und „Kontinente heute" (S. 30), feste, verschiedenfarbige Fotokartons zum Aufzeichnen und Aufkleben der Kontinente, Scheren, Kleber, Lineale, Bleistifte
c) Experiment mit Gastrolithen	c) Klassenraum Zeitbedarf für alle drei Stationen: *90 Minuten*	c) ein Eimer voll größerer, grüner Blätter, kleiner Eimer voll Kieselsteine, Leinenbeutel/-tasche, Gefrierbeutel mit Verschluss eine Schnur, eine Teigrolle
Ergebnisse der anderen kennenlernen	Klassenraum Plenum *10 Minuten*	Tische, Wände, Fensterbänke als Ausstellungsflächen
Weitere Arbeit am Projekt planen (Ausstellung, Museum o.Ä.)	Klassenraum Plenum *10 Minuten*	

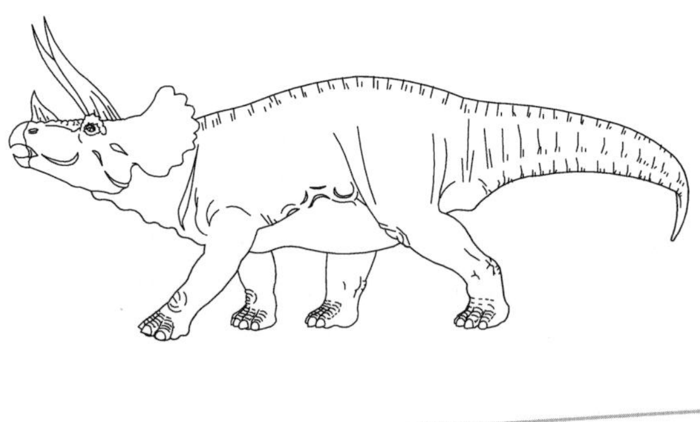

Die Planung des Projekttages

Um den Projekttag wie beschrieben anbieten zu können, sollten Sie im Vorfeld die **Zeitleiste** mit der Klasse besprochen haben, damit alle wissen, wo wir uns in der **Erdgeschichte** ungefähr bewegen. Alles Weitere ergibt sich aus den Arbeitsaufträgen zum Tag.

Für die meisten Aufgabenstellungen reicht das Klassenzimmer völlig aus. Natürlich wäre es auch etwas Besonderes, wenn Sie z.B. die **Schülerbücherei** oder den **Computerraum** zur Verfügung hätten, da beide Räume einem zu planenden Paläontologen-Kongress nicht nur den nötigen **„Echtheits-Charakter"** verleihen würden, sondern ja auch tatsächlich die Informationsquellen beinhalten, die benötigt werden. Für **Maßstabszeichnungen** von Dinosauriern brauchen Sie unbedingt **viel Platz**! Ein großer Schulhof sollte es schon sein.
Für die drei Stationen, die gegen Ende des Projekttages angeboten werden, ist es sicher hilfreich, **ein paar Helfer** zu haben, aber eigentlich können Sie den Projekttag auch allein in der Klasse bewältigen.

Um „Skelette" zu rekonstruieren, können Sie sich die Mühe machen, die **Modelle** (aus dem Spielwarenhandel oder Restpostenladen) **in Sand** (Vogelsand oder aus dem Sandkasten) in mehreren Plastikwannen zu vergraben. Dann sind Sie wetterunabhängig. Spannender wäre es aber, wenn Sie auf dem Schulhof einen Sandplatz haben, auf dem Sie mit Springseilen oder Paketschnur **Areale abstecken** können, in denen jede Gruppe von drei bis fünf Kindern ihr eigenes „Skelett" finden kann.

Schaufeln brauchen Sie übrigens keine. So schnell können Sie die nämlich gar nicht ausgeben, wie die Kinder längst mit den bloßen Händen im Sand wühlen! Flache Tabletts oder Schalen (aus der Sachunterrichts-Sammlung der Schule) erleichtern das Zusammentragen der Skelette, und möglicherweise kann es bereits hier zusammengelegt werden und später im Klassenraum noch einmal endgültig.

Wenn Sie die Skelette einfach nur zusammenlegen lassen möchten, empfiehlt sich das **Kopieren, Vergrößern und Laminieren der Skelett-Vorlagen (S. 16–21)**. Werden sie jedoch auf ein Plakat geklebt, sollten sie besser nicht laminiert werden. Dann aber muss der Sand draußen richtig trocken sein.

Entscheiden Sie selbst, ob Sie Ihrer Klasse einzelne Knochen oder mehrere zusammenhängende Körperpartien anbieten. Sie finden beim Material zum Angebot sowohl **intakte Skelette**, die Sie zerschneiden können, als auch bereits **zerlegte Skelette** in Teilen.

Und nun? Jede Gruppe hat ein Skelett. Und was fangen wir damit an? Die Besprechung kann viele Ergebnisse bringen, aber bleiben Sie offen:
Eine Gruppe beginnt z.B. mit der Arbeit an einem **Lernplakat zum gefundenen Saurier**, eine andere startet mit der Herstellung eines **Wissens-Quartetts**, eine weitere schreibt **Info-Lesekarten** für die Klasse oder verfasst **Steckbriefe**.
Halten Sie also **Plakate, Markerstifte und Moderationskärtchen** bereit, die ergänzend zu **Blöcken, Stiften, Klebstoff und Scheren** der Kinder gebraucht werden könnten.
Um all die Hintergrundinformationen zusammentragen zu können, brauchen Sie viele Bücher.
Alle Kinder können im Vorfeld von zu Hause ihre **Dino-Bücher** mitbringen. Sie bringen eine **Leihkiste** aus der örtlichen Bücherei mit ein, außerdem wäre ein **Internetzugang** ganz nützlich.

Die Maßstabszeichnungen klappen besonders gut, wenn Sie an **Maßbänder** herankommen, die mindestens 20 m lang sind. Diese finden Sie bestimmt in der Turnhalle. Sonst arbeiten Sie mit Zollstöcken und allen vorhandenen Maßbändern, die in der Elternschaft aufzutreiben sind.
Gips für die **Herstellung von Fossilien** gibt es in jedem Baumarkt billiger als im Bastelgeschäft. Fragen Sie in der Klasse herum, falls Sie keine eigenen **Muscheln und Schnecken** haben, die für Abdrücke geeignet sein sollten. Dann bekommen Sie genug zusammen. Im Notfall können Sie auch über den Bastelversand ganze Beutel an Muscheln bekommen. Knochen haben auch viele Kinder zu Hause – z.B. Fundsachen von Waldspaziergängen.

Wenn Sie den **Urkontinent Pangäa aussägen** lassen möchten, benötigen Sie Sperrholz und Laubsägen. Ersteres aus dem Baumarkt, Letztere aus dem Werkraum Ihrer Schule oder den Bastelkellern zu Hause. Wenn Sie **Pangäa aus Papier oder Pappe** herstellen wollen, wird's natürlich einfacher: Dann brauchen Sie nur etwas Fotokarton. Im Rahmen einer

Stationenarbeit am Projekttag empfehle ich die Papp-Variante, aber wenn Sie die Station aus dem Tag herauslösen und z.B. im Werkunterricht einfügen möchten, eignet sich Pangäa gut zum Laubsägen. Alle weiteren Materialien sind leicht zu beschaffen und werden daher hier nicht extra erwähnt.

Tipp: Es gibt viele **Filme über Dinosaurier**. Aber keiner beschreibt die verschiedenen Zeitepochen und ihre Lebenswelten so gut und nachvollziehbar wie **Karel Zemans „Reise in die Urzeit"**.
Der Film stammt aus dem Jahr 1955. Anfangs werden Ihre Kinder sich bestimmt kringelig lachen über die ruckeligen Bewegungen der deutlich als „Roboter" erkennbaren Saurier.
Auch so manches Gespräch der Jungen, die gemeinsam in die Urzeit reisen, mutet heute etwas antiquiert an, aber die Reise im Boot auf dem Fluss der Zeit immer weiter zurück ist ebenso spannend wie klärend.

Ein dicker, roter Faden vom Auffinden eines versteinerten Trilobiten bis zur Begegnung mit einem Lebenden dieser Art am Meeresufer macht die **Erdgeschichte wirklich verständlich** – und das ganz ohne reißerische Grusel-Effekte! Der 80 Minuten lange Film wurde übrigens wieder neu aufgelegt und ist problemlos als DVD zu haben.

An diesem Projekttag kann eigentlich nicht viel schiefgehen! Außer dass Ihnen ein Helfer absagt oder dass Sie einzelne Materialien vergessen, könnte höchstens noch **Regenwetter** den Zeichnungen auf dem Schulhof gefährlich werden. Aber da können Sie möglicherweise unter das Dach der Pausenhalle ausweichen. Wenn Sie sich mit Hausmeister und Putzpersonal einigen können und einen Eid ablegen, dass die Kinder die Halle später eigenhändig wischen werden, dürfen Sie vielleicht im Notfall in der Turnhalle Saurier auf den Boden zeichnen.
Wenn nicht, müssen Springseile und anderes Material dafür herhalten, Länge und Umrisse von Sauriern zu bilden.

Die Umsetzung: Projekttag konkret

Der Einstieg

Zeitbedarf: 10 Minuten

Der Einstieg in diesen Projekttag ist ganz profan eine **Besprechung** dessen, was heute passieren könnte: Vielleicht haben Sie mit der Klasse bereits im Vorfeld geklärt, dass ein **Paläontologen-Kongress** ganz sinnvoll wäre, um die Dinosaurier weiter zu erforschen. Wenn nicht, dann sollten Sie das jetzt tun, inklusive der Klärung des Problems, was so ein Kongress überhaupt beinhalten könnte. Nutzen Sie die Vermutungen Ihrer Kinder dazu, und geben Sie dann einen Überblick über den **geplanten Tagesablauf** (z.B. mittels des Ablaufplans S. 11/12). Und dann geht's einfach los, **ab in die Urzeit**!

Rekonstruktion von Dino-Skeletten

Zeitbedarf: 10 Minuten

Sie brauchen:

* 6 evtl. laminierte, zerschnittene Saurier-Ausdrucke (1 : 1 kopiert)
* 6 evtl. laminierte ganze Saurier-Ausdrucke
* 6 flache Schalen oder Tabletts für die Skelette
* evtl. Kleber und Plakate zum Aufkleben der Saurierskelette

Teilen Sie die Klasse in sechs Gruppen ein. Jede Gruppe bekommt eine flache Schale oder ein Tablett mit je einem zerlegten Saurierskelett. Der Einfachheit halber zerlege ich die Skelette in der Regel nicht in alle Kleinteile, sondern in grobe Stücke, sodass das Zusammensetzen auch wieder gelingt. Sie können die Teile laminieren, aber wenn Sie das Skelett z.B. später auf ein Plakat kleben lassen wollen, ist es besser, sie einfach nur auf Fotokarton zu kopieren und nicht einzuschweißen.

Ausgewählt wurden hier die sechs Dinos:

- Tyrannosaurus Rex (als Fleischfresser)
- Apatosaurus (früher Brontosaurus genannt, als Vertreter der Riesenechsen)
- Triceratops (als Hornträger)
- Stegosaurus (mit Knochenplatten bewehrt)
- Edmontosaurus (Entenschnabel-Dinosaurier)
- Iguanodon (erster im 19. Jh. überhaupt wissenschaftlich beschriebener Saurier)

Meiner Ansicht nach sind diese sechs Saurier unterschiedlich genug, damit sie sich ihrer Gruppe jeweils gut einprägen. Wenn die Gruppen ihre Skelette zusammengesetzt haben, steht die nächste Aufgabe an: das Identifizieren und Erforschen dieses Sauriers.

Der Schrecken der Urzeit und das Idol aller Jungs: Der T-Rex

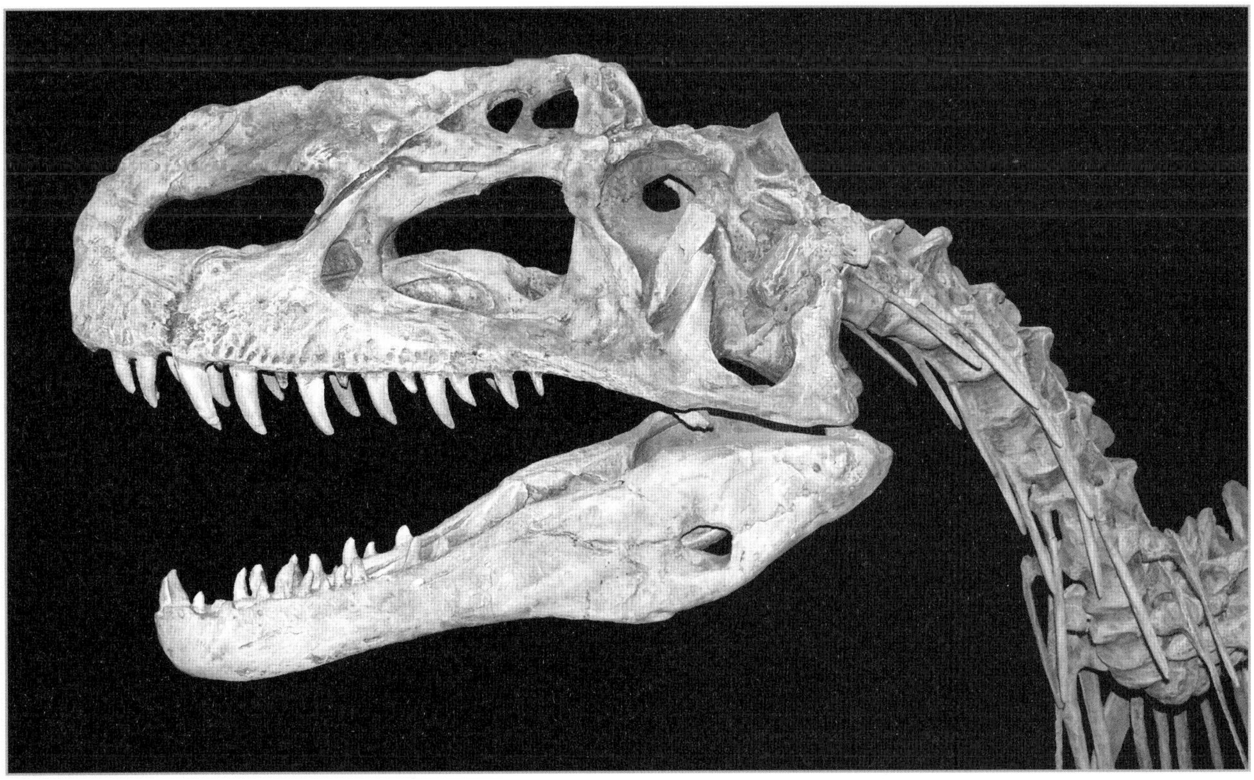

Tyrannosaurus Rex

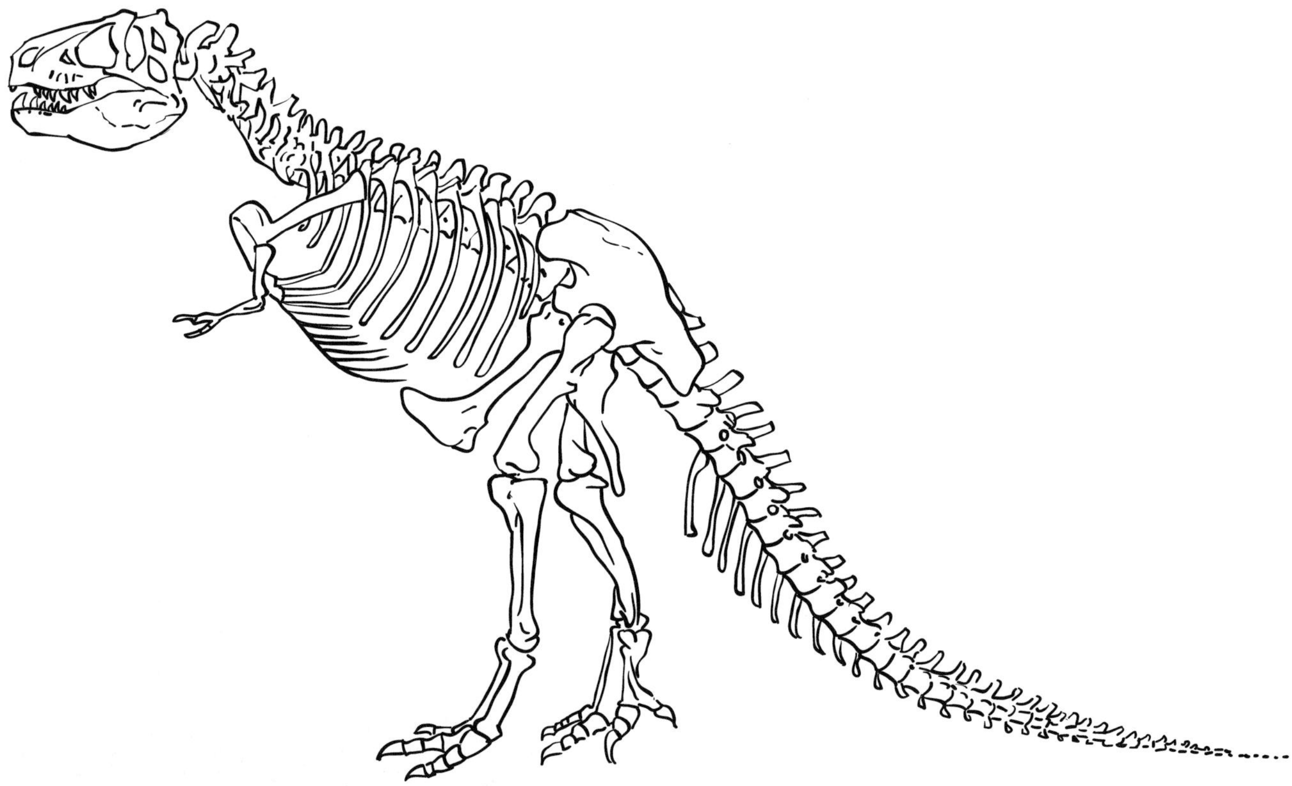

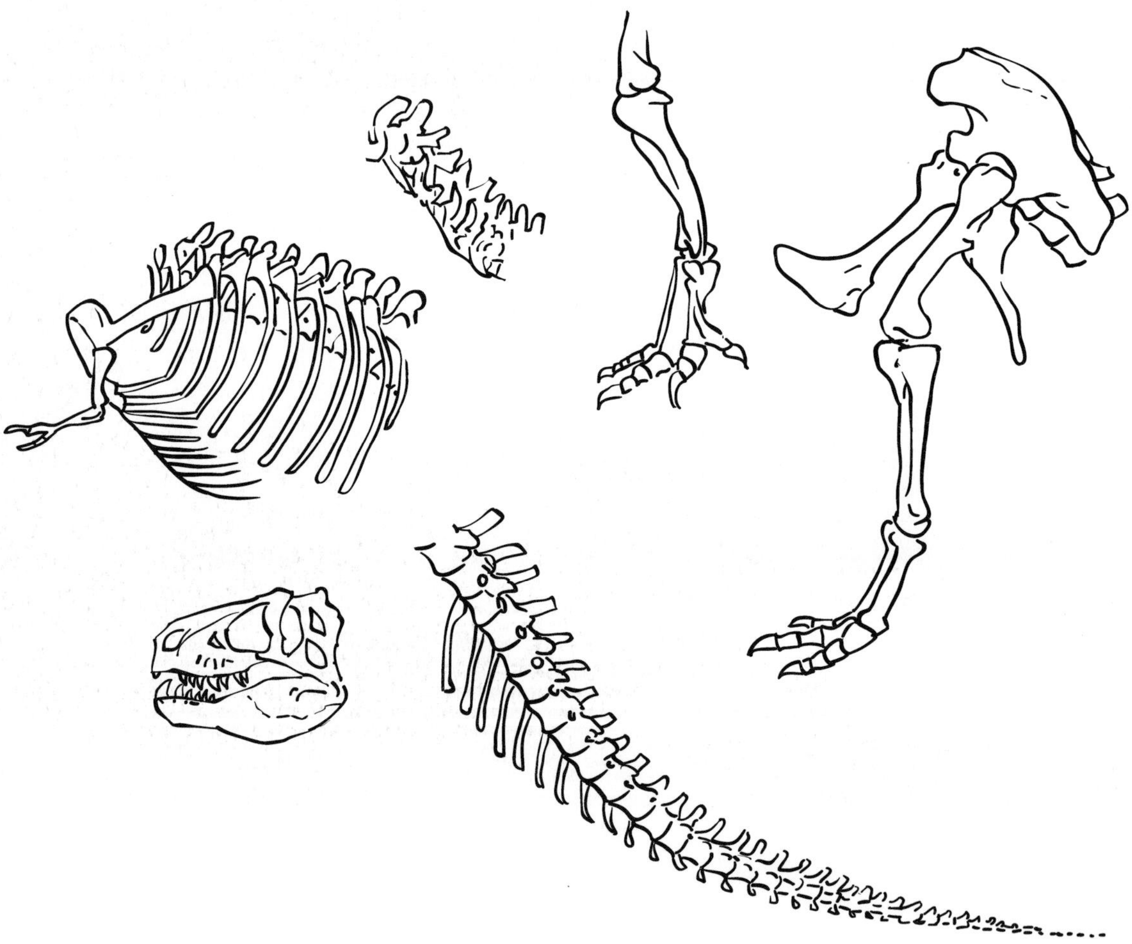

Apatosaurus

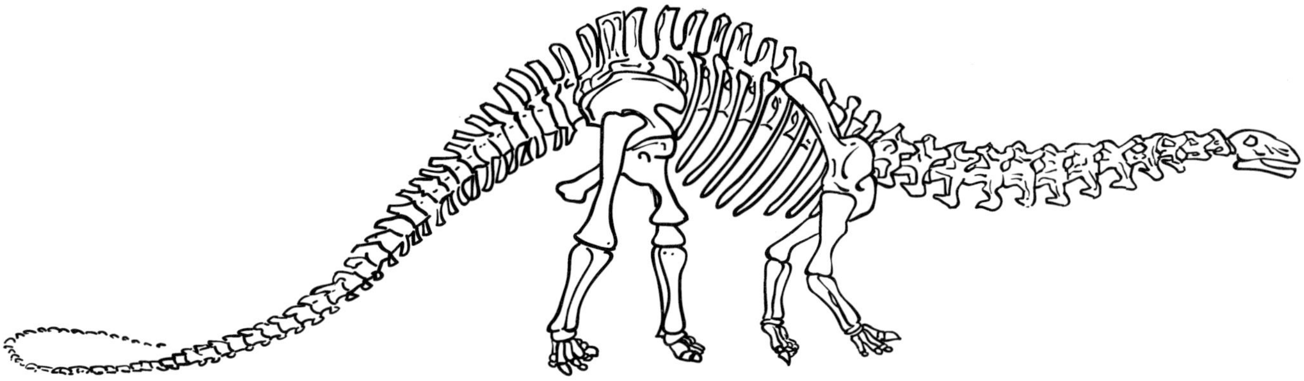

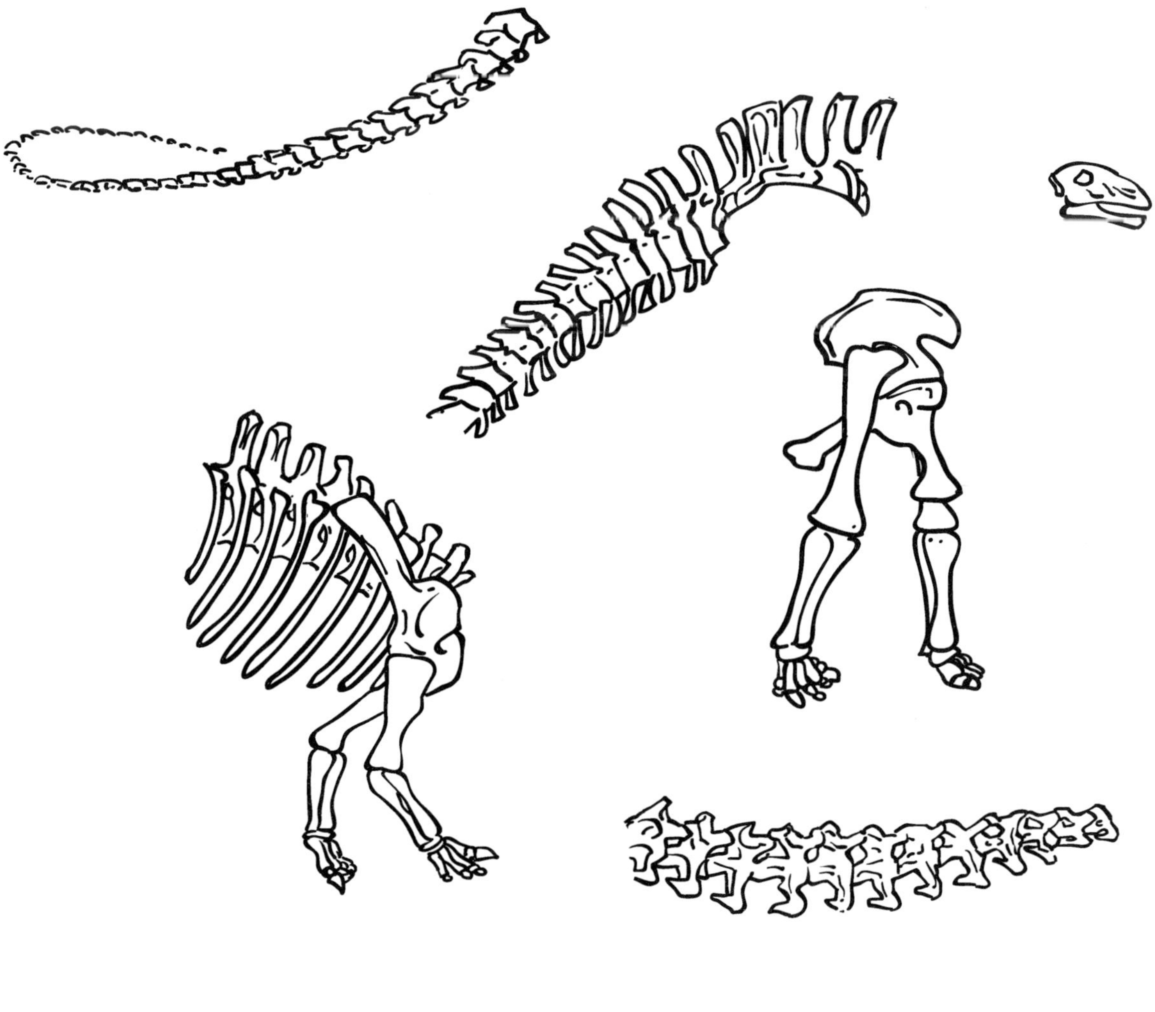

Triceratops

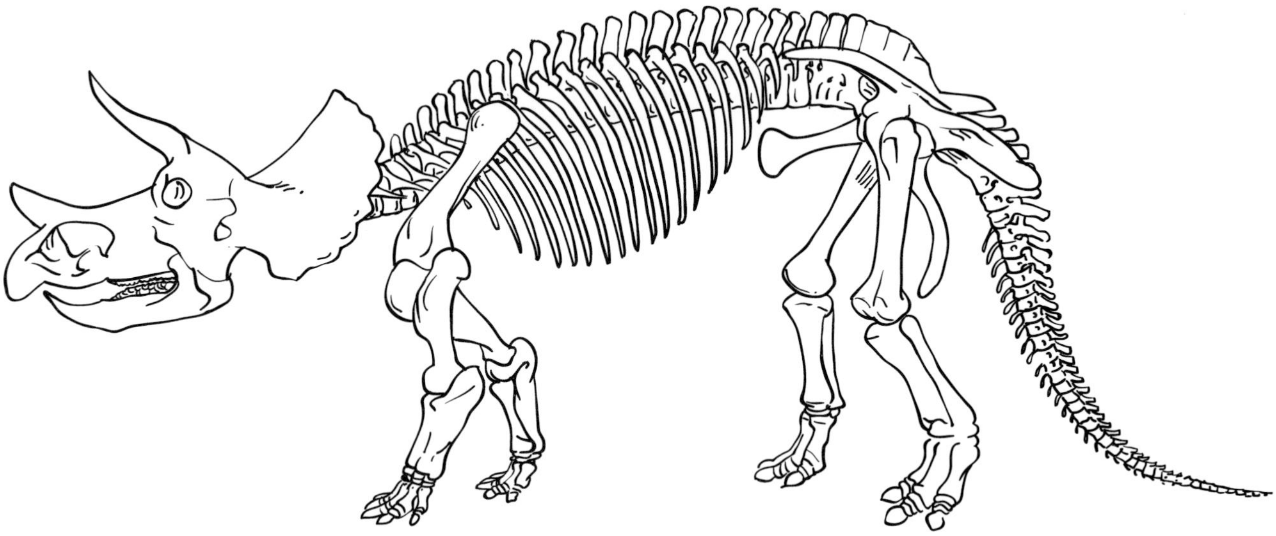

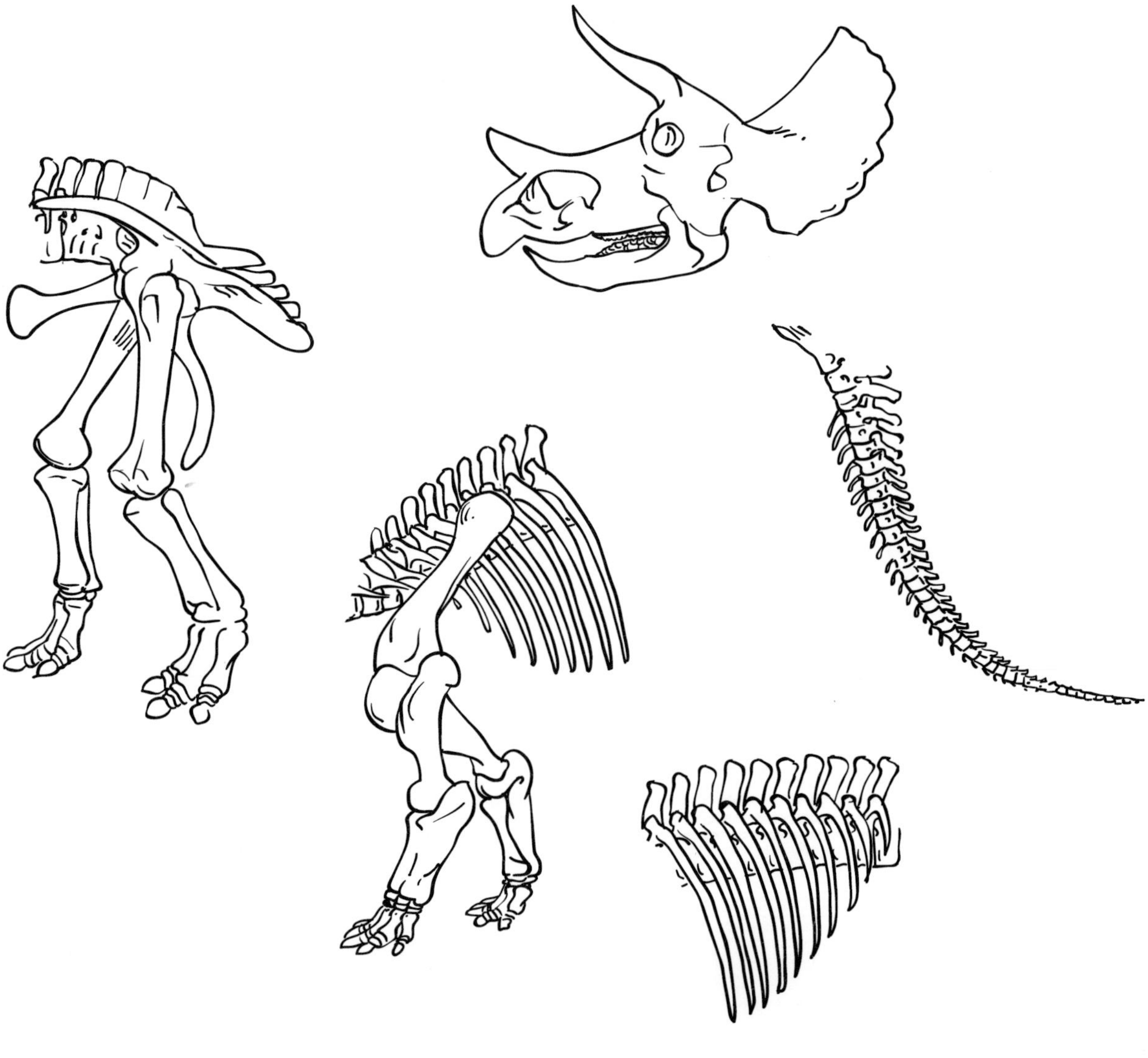

Stegosaurus

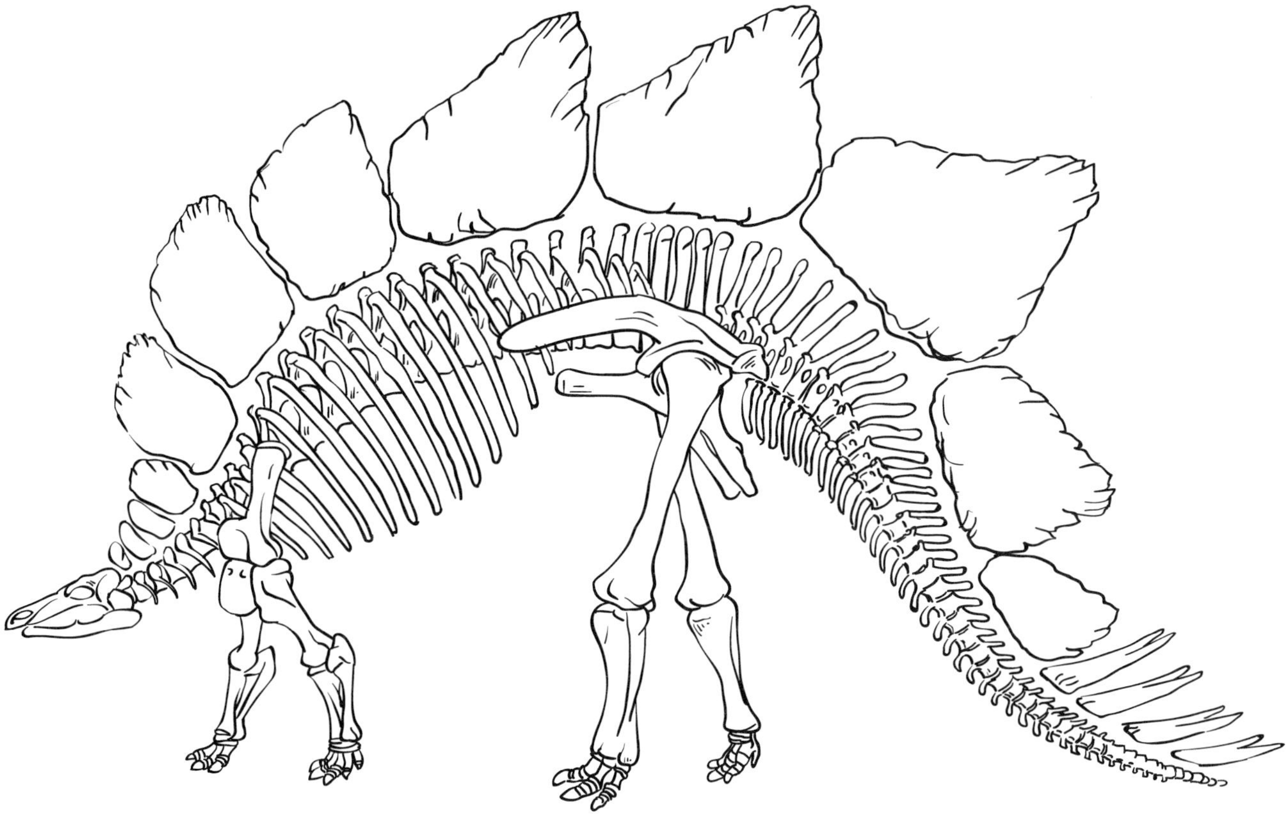

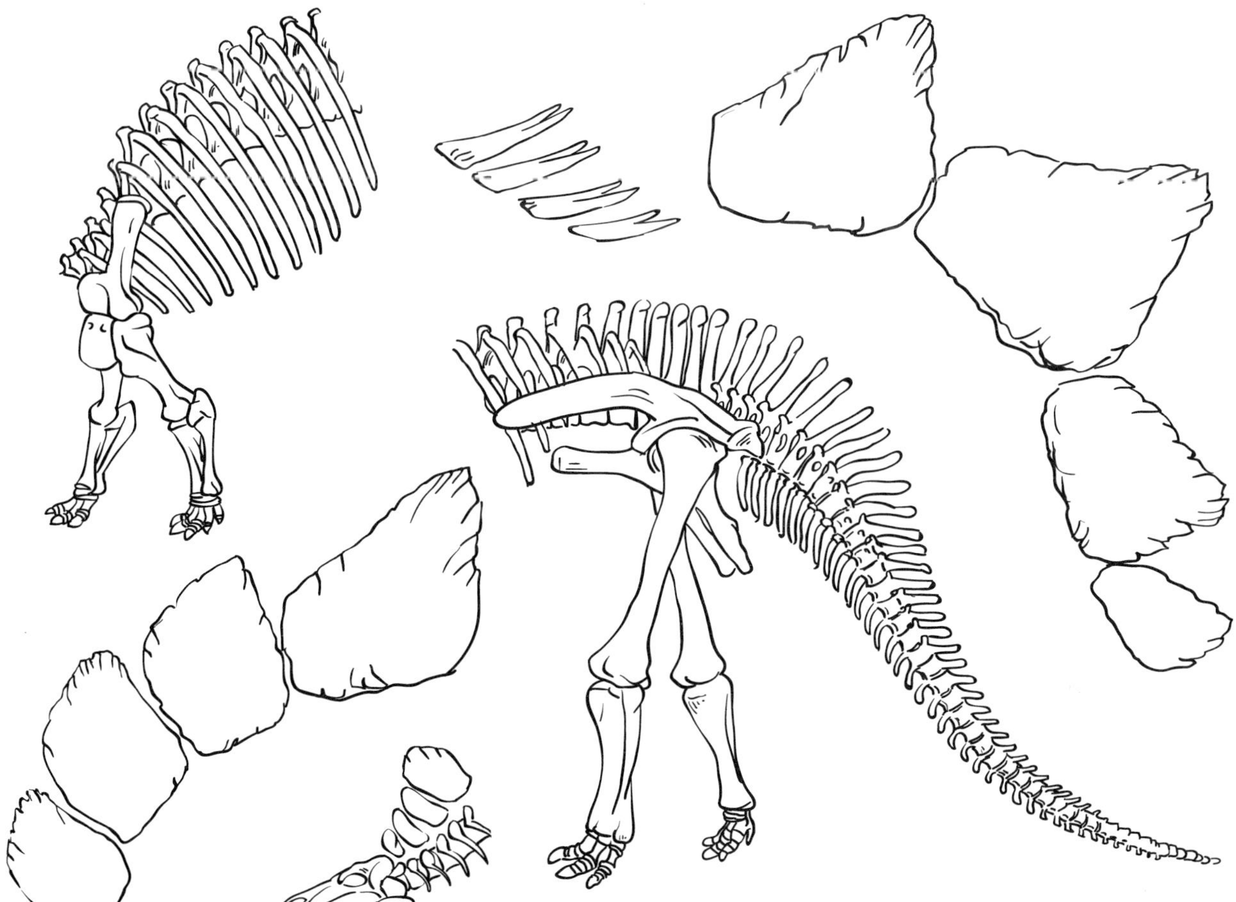

Edmontosaurus

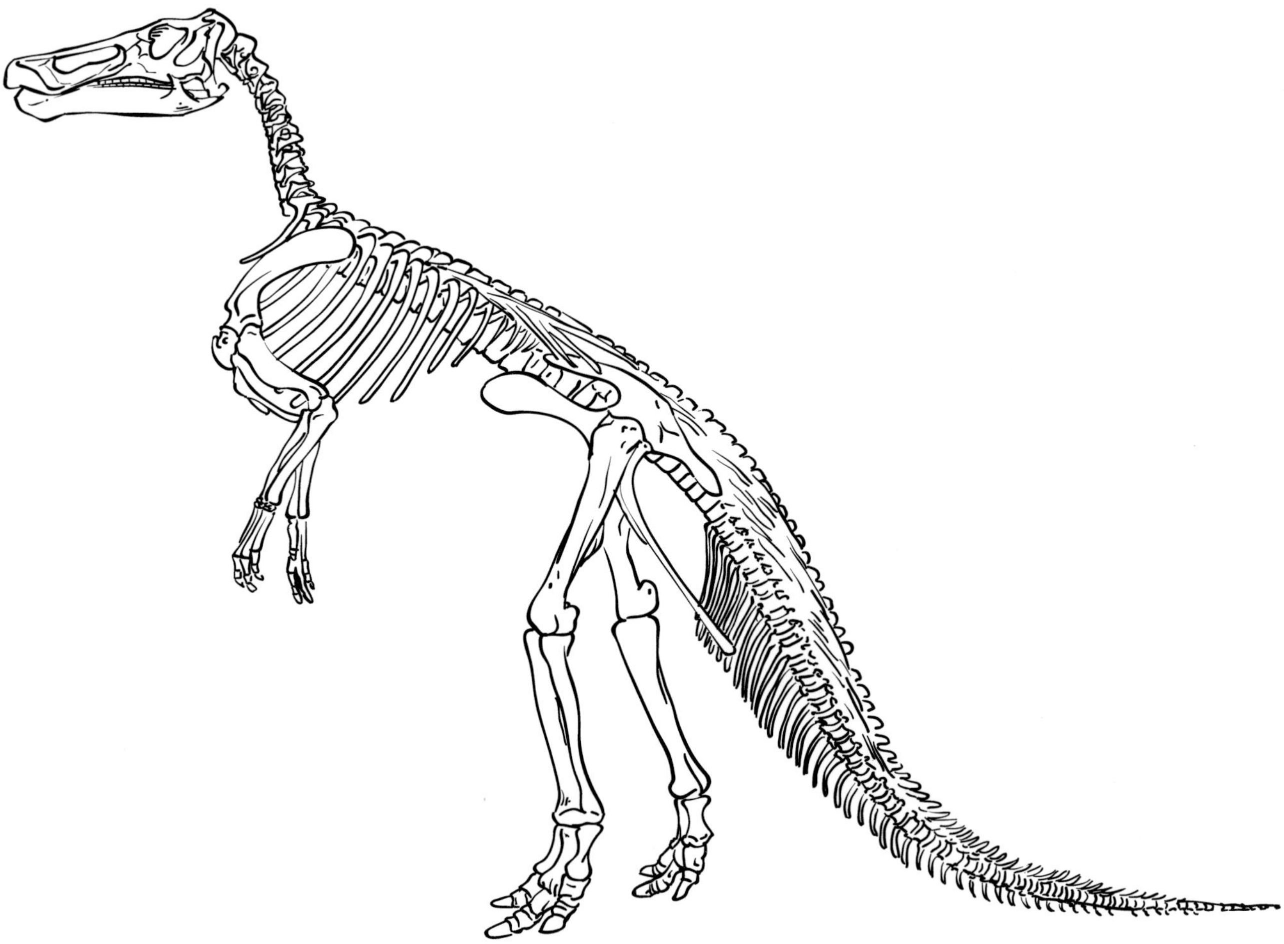

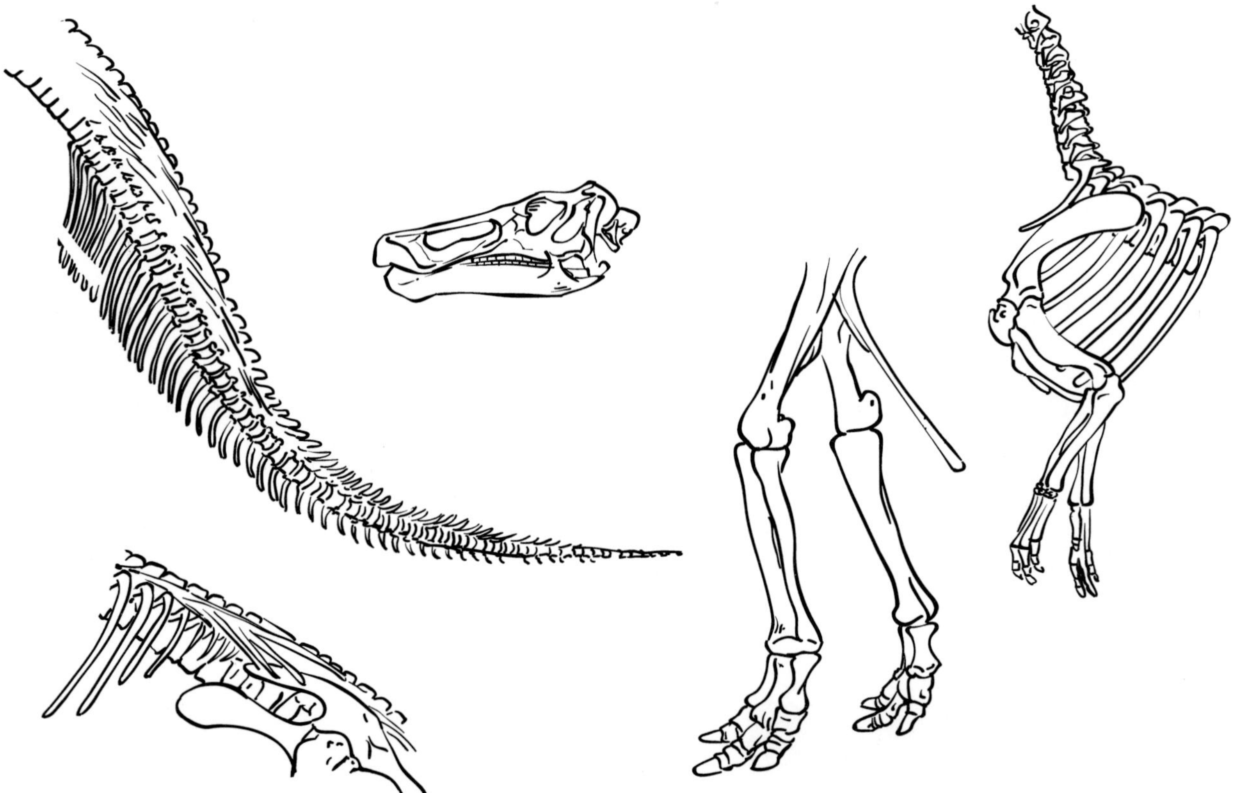

Iguanodon

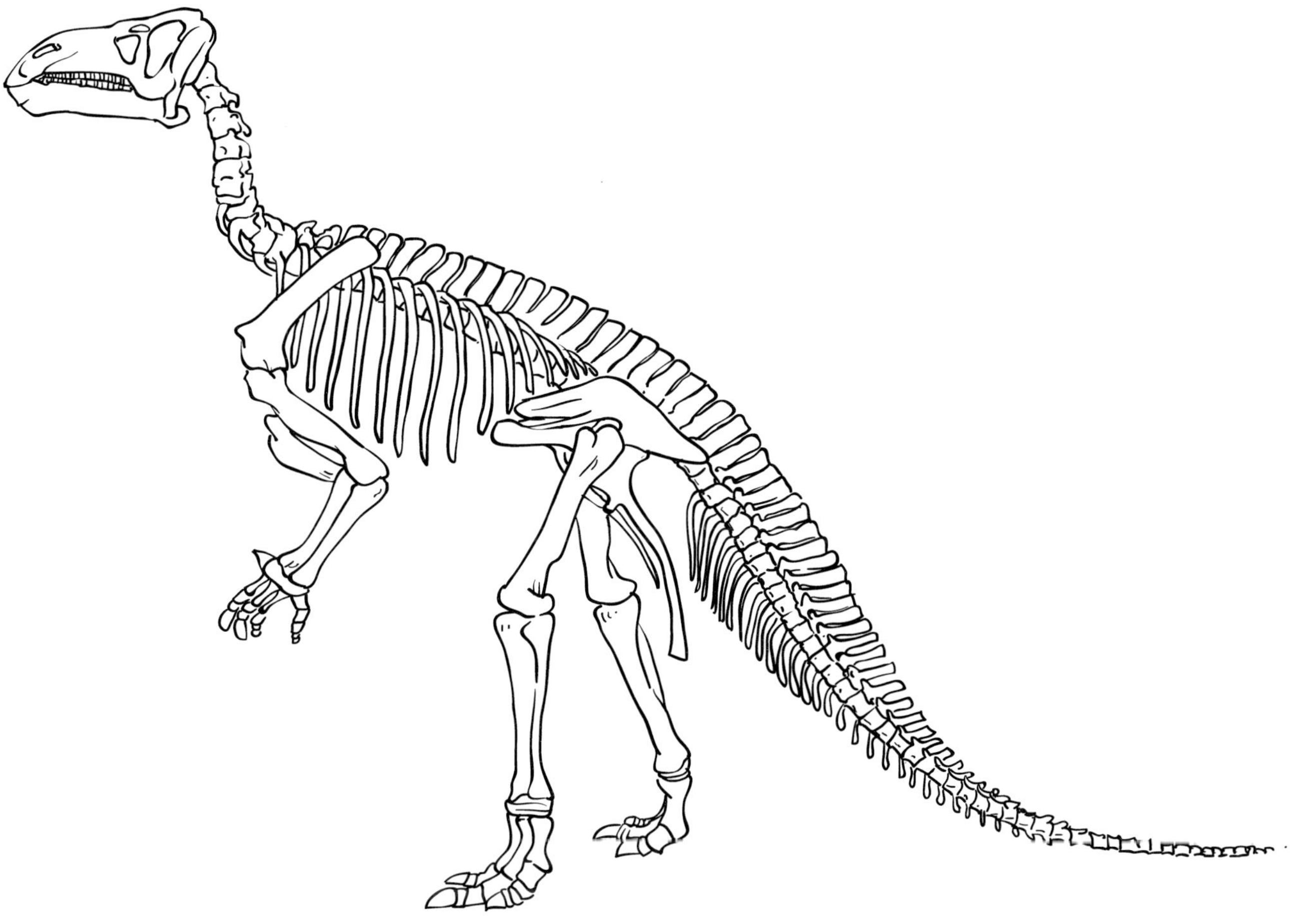

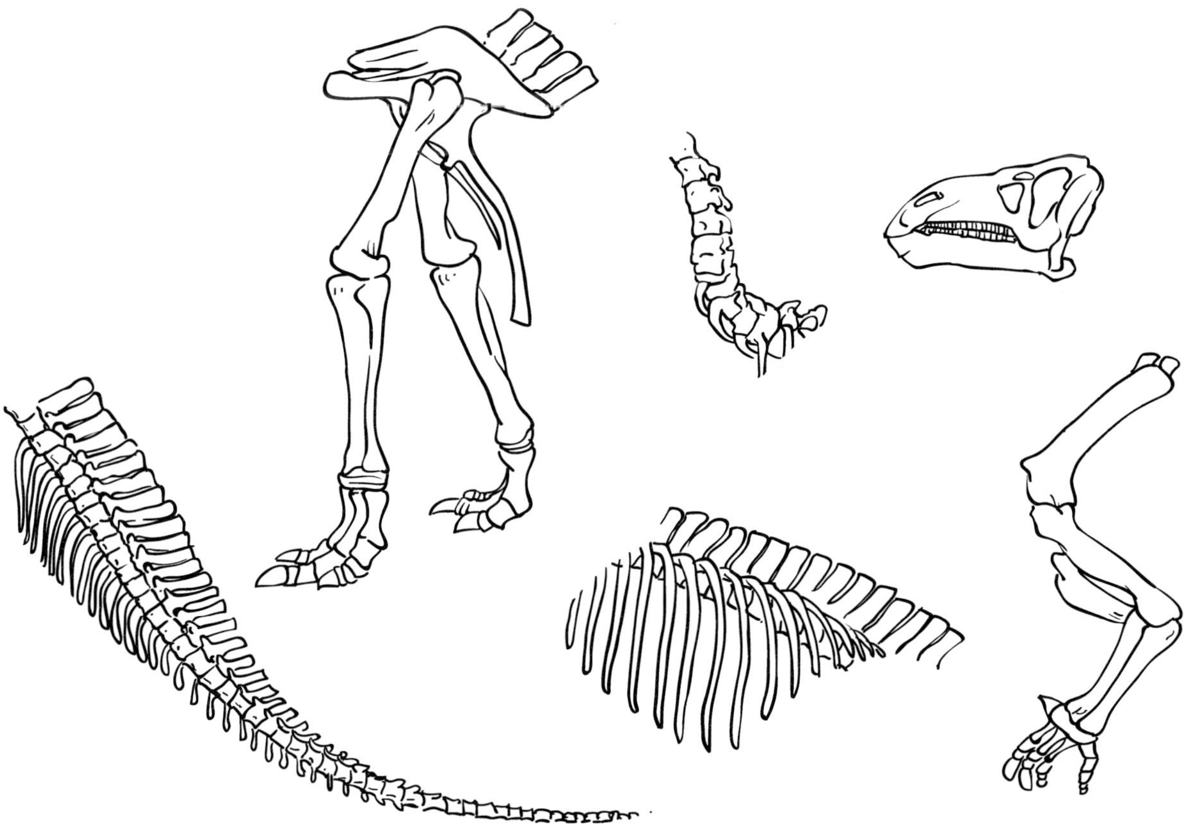

Erforschen von Sauriern

Zeitbedarf: ca. 45 Minuten

Sie brauchen:
- die zusammengelegten Dino-Skelette (S. 16–21)
- Sachbücher, evtl. Internetzugang
- Schreibmaterial
- evtl. Poster, Karteikarten, Moderationsmaterial

Jede Gruppe versucht jetzt, herauszubekommen, um welchen Dinosaurier es sich bei ihrem Skelett handelt. Der Tyrannosaurus und auch Stegosaurus und Triceratops sind relativ schnell zu identifizieren. Wenn es Ihnen vorab gelingt, Einfluss auf die Verteilung der Skelette zu nehmen, können Sie hier ja den besonders fixen Kindern die eher schwieriger zu ermittelnden Dinos verpassen und denen, die sich schwertun, die vermeintlich leichten – wobei der Tyrannosaurus stets ohnehin der beliebteste ist!

Um zu erforschen, welcher Saurier vor der Gruppe liegt, was ihn auszeichnet und welche Lebensumstände er hatte etc., suchen die Kinder jetzt aus Büchern bzw. dem Internet heraus, was für sie wichtig ist. Sie können natürlich festlegen, wie die Ergebnisse festgehalten werden sollen, aber lassen Sie doch Ihre selbst Kinder entscheiden: Das ergibt größere Vielfalt und Identifikation mit dem Thema. Und wer allzu schnell z.B. mit seinem Dino-Quartett fertig werden sollte, kann danach ja noch ein Lernplakat gestalten – oder auch im Nachgang zum Projekttag als Vertiefung.
Begrenzen Sie den Zeitraum zur Erforschung eines jeden Sauriers, damit die, die schnell sind, nicht gelangweilt werden, weil sie mittlerweile an der vierten Präsentationsform sitzen.

Maßstabs-Berechnungen von Sauriern

Zeitbedarf: ca. 20 Minuten

Sie brauchen:
- maßstabsgerechte Ausdrucke der 6 Saurier (S. 23–25)
- Lineal und Bleistift für jede Gruppe

Wenn die Gruppen ihre Saurier erforscht haben, geht es vertiefend noch einmal um die Größe: Die Saurier sind im Maßstab 1:100 abgebildet und sollen „groß gerechnet" werden. Eine Ausnahme bildet der Apatosaurus, der nur im Maßstab 1:200 aufs Papier passt.
Natürlich können Sie, wenn Sie kopieren oder ausdrucken, auch andere Maßstäbe hinbekommen und so noch differenzierteres Material anbieten.

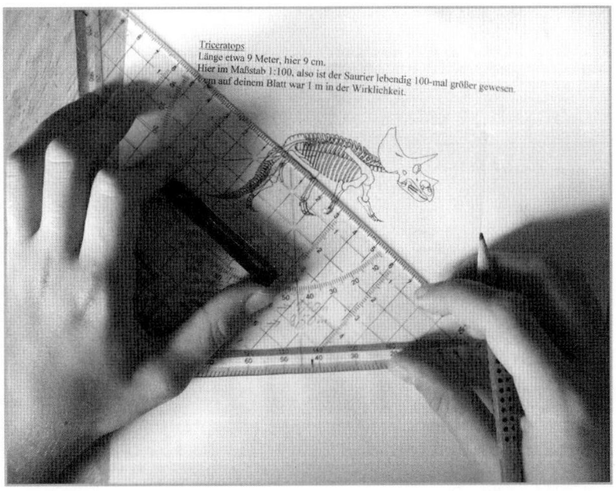

Apatosaurus

Länge: etwa 30 m, hier 15 cm.
Maßstab: 1:200 – 1 cm auf dem Papier sind 2 m in Wirklichkeit.

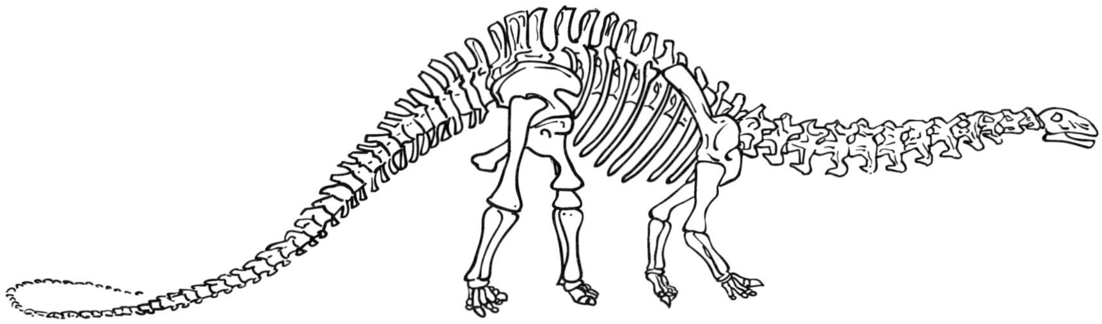

Miss und berechne die Längen von:
Kopf, Hals, Schwanz, Hinterbein, Oberschenkel

Edmontosaurus

Länge: etwa 12 m, hier 12 cm.
Maßstab: 1:100 – 1 cm auf dem Papier ist 1 m in Wirklichkeit.

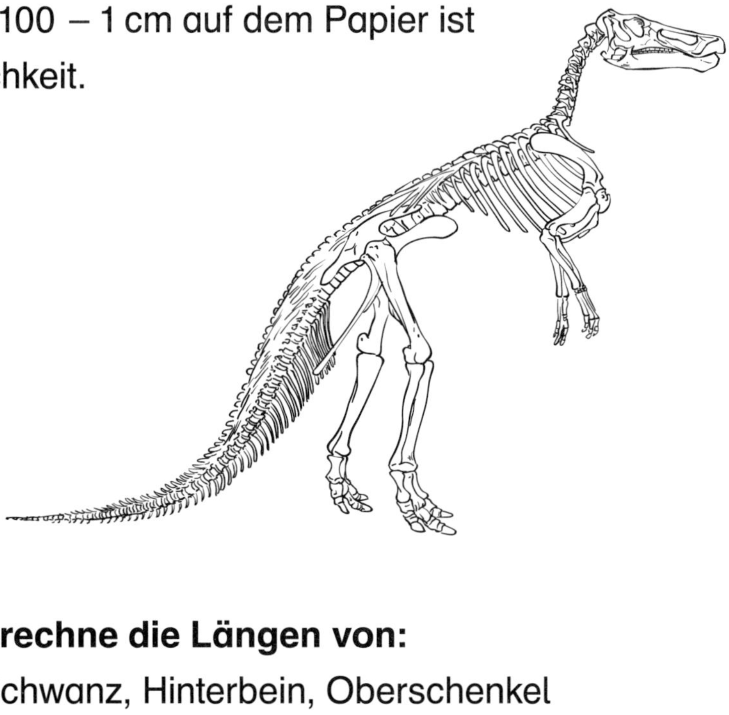

Miss und berechne die Längen von:
Kopf, Hals, Schwanz, Hinterbein, Oberschenkel

Iguanodon

Länge: etwa 9 m, hier 9 cm.

Maßstab: 1:100 – 1 cm auf dem Papier ist 1 m in Wirklichkeit.

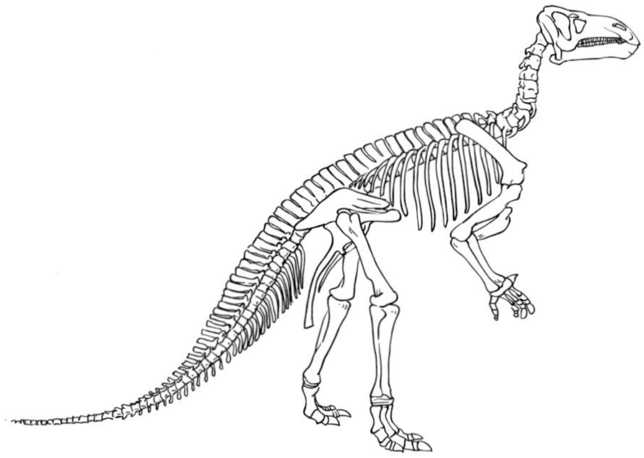

Miss und berechne die Längen von:

Kopf, Hals, Schwanz, Hinterbein, Oberschenkel

Triceratops

Länge: etwa 9 m, hier 9 cm.

Maßstab: 1:100 – 1 cm auf dem Papier ist 1 m in Wirklichkeit.

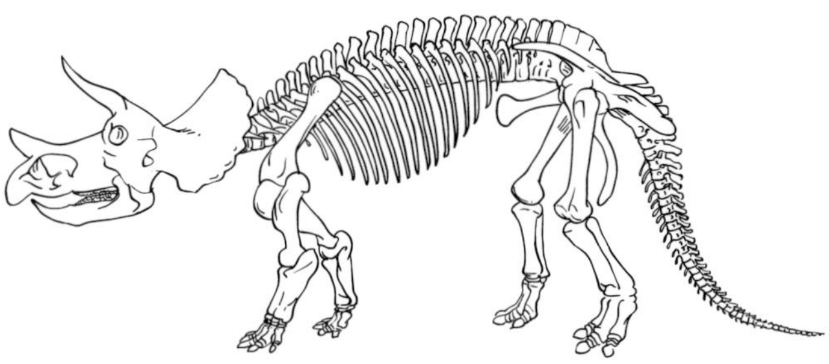

Miss und berechne die Längen von:

Kopf, Hals, Schwanz, Hinterbein, Oberschenkel

Tyrannosaurus Rex

Länge: etwa 12 m, hier 12 cm.

Maßstab: 1:100 – 1 cm auf dem Papier ist 1 m in Wirklichkeit.

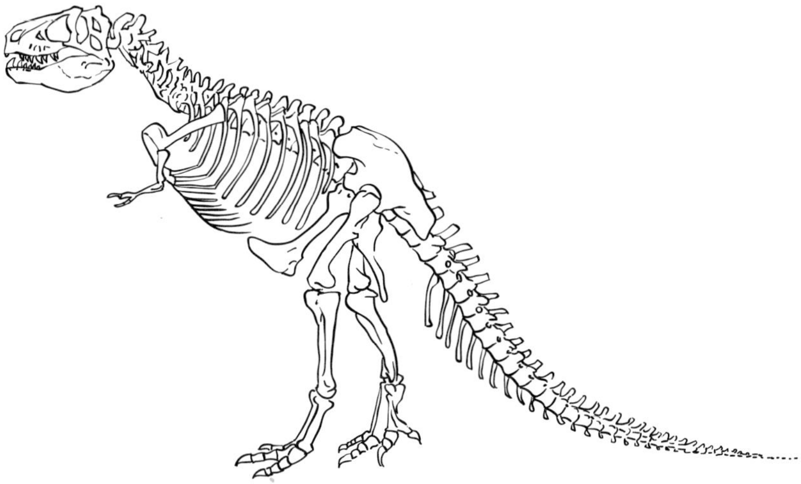

Miss und berechne die Längen von:

Kopf, Hals, Schwanz, Hinterbein, Oberschenkel

Stegosaurus

Länge: etwa 8 m, hier 8 cm.

Maßstab: 1:100 – 1 cm auf dem Papier ist 1 m in Wirklichkeit.

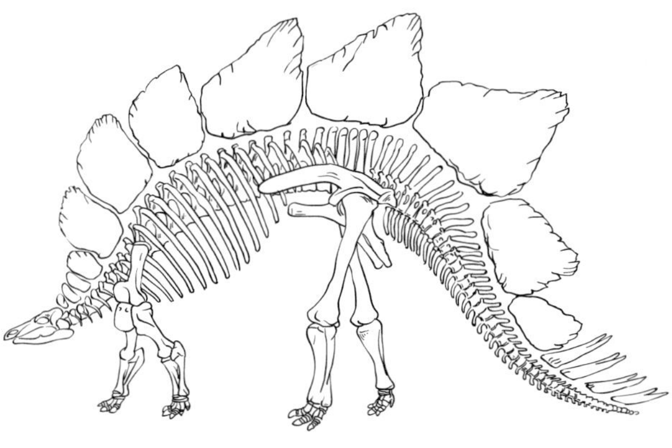

Miss und berechne die Längen von:

Kopf, Hals, Schwanz, Hinterbein, Oberschenkel

Maßstabs-Zeichnungen

Zeitbedarf: 45 Minuten

Sie brauchen:
* Straßenkreide oder Tafelkreide
* Maßbänder (z.B. 20 m, aus der Turnhalle)
* Zollstöcke
* ggf. Seile mit exakter Länge (2 m, 4 m …)
* Vorlagen zum Zeichnen mit berechneten Originalmaßen (siehe S. 23–25)

Die Kinder kennen jetzt in etwa die Größen „ihrer" Saurier. Nun bekommt jede Gruppe Tafel- oder Straßenkreide, und es geht mit Maßbändern aus der Turnhalle, Zollstöcken und anderen Utensilien (z.B. einem genau 2 m langen Springseil o.Ä.) zum Messen hinaus auf den Schulhof.
Jede Gruppe zeichnet den Dinosaurier in Originalgröße auf den Asphalt. Zuerst die Gesamtlänge als Strich auf dem Boden, dann nach und nach die Körperteile in den richtigen Ausmaßen. Das ist nicht einfach, aber eine gute Übung mathematischer Grundfertigkeiten (Messen, Schätzen, Rechnen). Die Ergebnisse werden wahrhaft gigantisch sein! Wenn Sie die Arbeit dokumentieren möchten, müssen Sie ihre Kamera oftmals irgendwo oben aus dem Fenster im 2. Stockwerk halten, um die riesigen Gemälde aufnehmen zu können. Wenn erst einmal der Ehrgeiz geweckt ist, sollten Sie mit weiteren Zeichnungen rechnen, und wahrscheinlich nicht mit denen der kleineren Dinosaurier!

Dino-Stationenarbeit

Zeitbedarf insgesamt: etwa 90 Minuten (3-mal 30 Minuten)

Bei der nun folgenden Stationenarbeit sind immer etwa 30 Minuten Zeit einkalkuliert. Sollte Ihre Klasse an einer der Stationen schneller sein, empfiehlt es sich, Puffer-Material ausliegen zu haben: etwa eine weitere Präsentationsform des „eigenen" Dinos aus der Gruppenarbeit, die noch nicht aufgenommen wurde.

1. Fossilien herstellen (S. 27/28)
2. Die Kontinentalverschiebung (S. 29)
3. Experimente mit Gastrolithen (S. 31)

Fossilien herstellen

Zeitbedarf: ca. 30 Minuten

Sie brauchen:
* die Kopiervorlage „So entstehen Fossilien" (S. 28), evtl. laminiert
* etwa 4 Stangen Knete pro Kind
* Teigrolle oder Plakatrolle
* 5-kg-Beutel Gips, Wasser
* Eimer oder Schüssel zum Anrühren, Rührlöffel
* einige Zahnstocher
* ein altes Zeitungsblatt pro Kind
* Muscheln, Schneckenhäuser, Knochen, Pflanzenteile usw.
* Wasserfarben oder Acrylfarben zum Bemalen

So geht es:
Jedes Kind walzt seine Knetmasse auf der Zeitung zu einem etwa 1–2 cm dicken Stück aus. Dann drücken sie wahlweise eine Muschel, ein Schneckenhaus, Knochen oder interessante Pflanzenteile fest in die Knete. Mit Zahnstochern als Hilfsmittel werden die Gegenstände vorsichtig wieder abgehoben.
Nun gießen sie den Abdruck mit dem angerührten Gips aus (nach Anleitung auf der Gipspackung). Das Ganze muss über Nacht trocknen.
Am nächsten Tag können die Kinder die Knetmasse entfernen. Zurück bleibt ein Fossil aus „hartem Gestein", auf das die Kinder gar nicht Mio. Jahre warten mussten.
In „Originalfarben" eines Fossils bemalen die Kinder ihr Relikt nun mit Wasser- oder Acrylfarben.

Eine Dino-Ausgrabung übt eine enorme Faszination aus. Die Kinder können das Ganze in klein im Sandkasten nachstellen.

So entstehen Fossilien

Fossilien (dazu zählen Skelette und Versteinerungen) sind sichtbare Beweise dafür, dass es Dinosaurier gab. Nur durch sie wissen wir, wie groß die Tiere waren und wie sie ungefähr aussahen.

Aber wie entstehen Fossilien?

Nach dem Tod eines Dinosauriers bleibt sein Körper zum Beispiel am Ufer eines Meers liegen. Bakterien und andere Tiere fressen und zersetzen sein Fleisch, bis nur noch das Skelett übrig ist.

Eine Sturmflut schwemmt einige Wochen später viel Sand über das Skelett. Immer wieder lagern sich neuer Sand und Erde auf dem Skelett ab. Durch die Bewegung von Land- und Wassermassen in Millionen Jahren wird das Skelett von schweren Erdschichten bedeckt.

Durch den hohen Druck verfestigen sich die Erde und das Gestein rund um das Skelett. Das Skelett hinterlässt seine Form als Abdruck im Gestein. Irgendwann kommt das Skelett durch neue Landbewegungen wieder an die Oberfläche und wird von Menschen entdeckt.

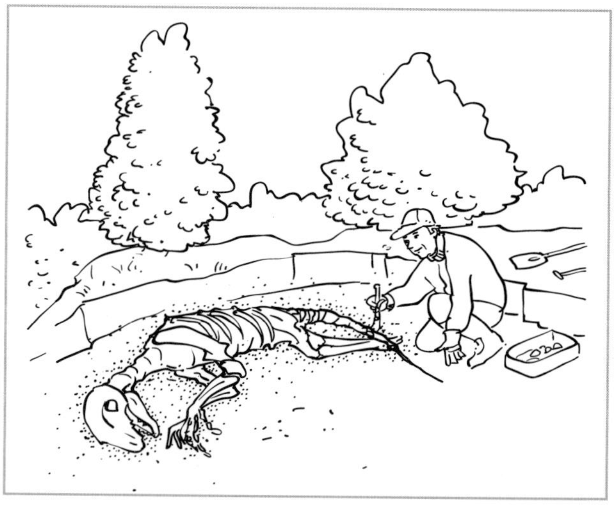

Die Kontinentalverschiebung

Unsere Erdteile hingen ursprünglich alle zusammen. Diesen Urkontinent nennen wir Pangäa. Nach und nach bewegten sich die Landmassen auseinander, bis etwa vor 20 Millionen Jahren die Erdteile so angeordnet waren, wie wir sie heute kennen.

Urkontinent Pangäa
– vor 300 bis 150 Mio. Jahren

Kontinente in der Kreidezeit
– vor 145 bis 65 Mio. Jahren

Du brauchst:

- einen Atlas
- 2 Kopien der „Kontinente heute“, S. 30
- Schere, Kleber
- 2 verschiedenfarbige Tonpapierbögen, DIN A4

So geht es:
Schneide 2-mal die Kontinente auf S. 30 aus. Klebe die Kontinente auf den beiden Tonpapierbögen wieder zusammen. Klebe auf dem 1. Bogen die Kontinente so zusammen, wie sie heute angeordnet sind.
Nimm dir dazu einen Atlas zu Hilfe. Klebe auf dem 2. Bogen die Kontinente so zusammen, dass sie wie der Urkontinent Pangäa angeordnet sind. Die Zeichnung auf dieser Seite hilft dir. Vergleiche deine Ergebnisse mit anderen Kindern. Wessen „Weltkarte“ kommt am nächsten an Pangäa heran?

Schreibe hier die richtigen Erdteile zu den Nummern auf. Der Atlas hilft dir.

1. ____________________
2. ____________________
3. ____________________
4. ____________________
5. ____________________
6. ____________________
7. ____________________
8. ____________________

Kontinente heute

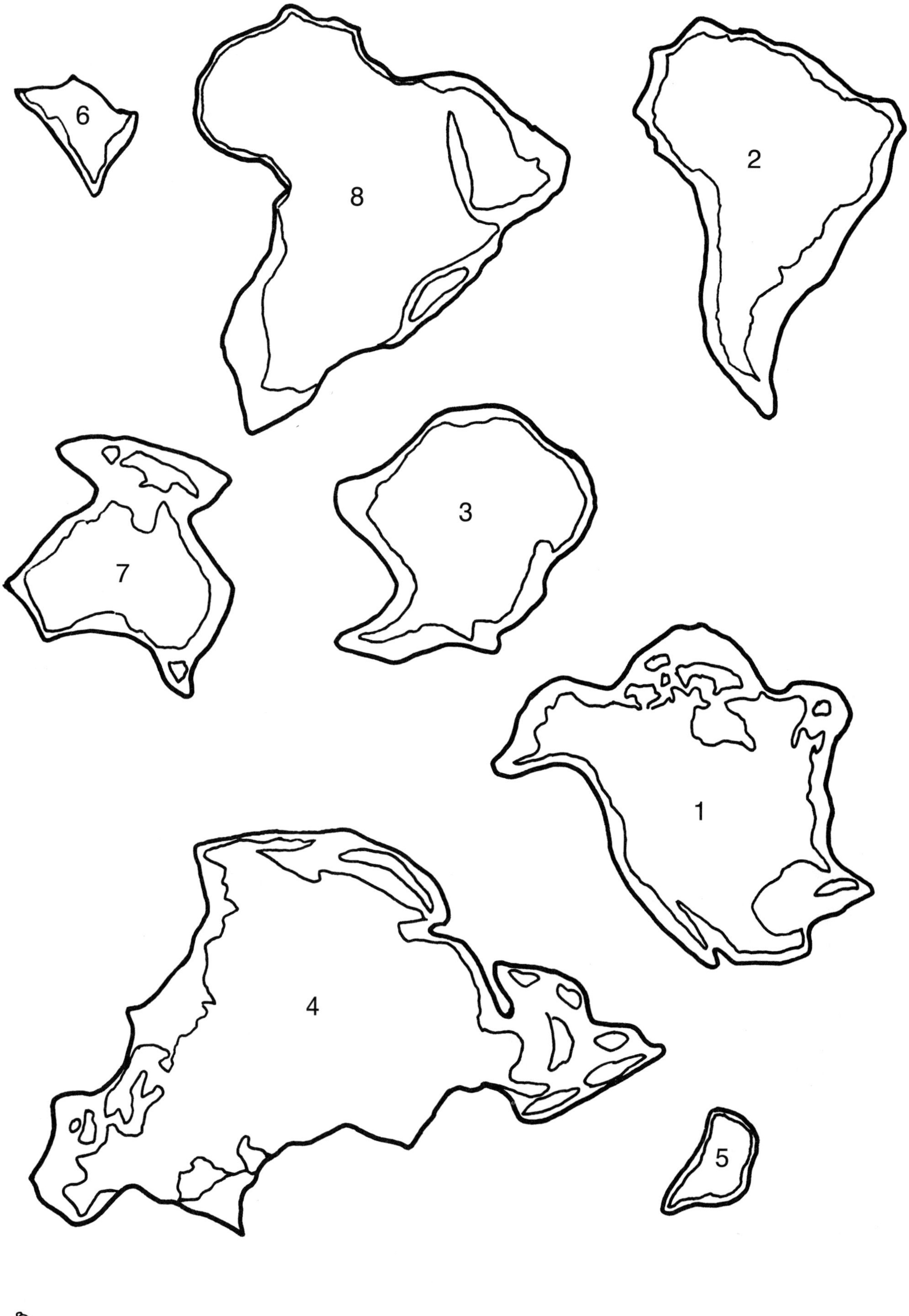

Experiment: Was bewirken Gastrolithen?

Zeitbedarf: ca. 30 Minuten

Sie brauchen:

* einen Eimer voll größerer, grüner Blätter (z.B. Löwenzahn, Brennnessel, Sauerampfer)
* einen kleinen Eimer voll Kieselsteine
* einen Leinenbeutel (notfalls eine Baumwoll-Einkaufstasche)
* einen Gefrierbeutel mit Verschluss
* eine feste Schnur (zum Zubinden des Leinenbeutels)
* eine Teigrolle

Gastrolithen sind Steine, die man in den Mägen von Pflanzen fressenden Sauriern gefunden hat. Bei diesem Experiment erfahren die Kinder, wie die „Magensteine" der Pflanzenfresser unter den Dinsosauriern wirkten. Sie haben nämlich, da sie keine Mahlzähne besaßen, ihr Grünfutter einfach verschluckt und zusätzlich einige Steine „gefressen", die das Zermahlen im Magen gewährleisteten. Einige Vögel, aber auch Krokodile und Robben tun das übrigens heute auch noch so!

So geht es:
Die Kinder füllen zwei Bündel Blätter und zwei bis drei Hände voll Kieselsteine in den Gefrierbeutel. Sie streichen die Luft aus dem Gefrierbeutel und verschließen ihn. Der Gefrierbeutel kommt nun in den Leinenbeutel, den die Kinder gut zubinden.

Jetzt kann die „Verdauung" losgehen: Die Kinder kneten, quetschen, walzen den Leinenbeutel reihum insgesamt mindestens zehn Minuten lang. Dazu können sie z.B. die Teigrolle zu Hilfe nehmen. Dann sehen sie nach: Was ist aus den Blättern geworden?

Funktioniert das Experiment genauso gut ohne die Steine im Beutel?
Es gibt nur einen Weg, das herauszufinden …

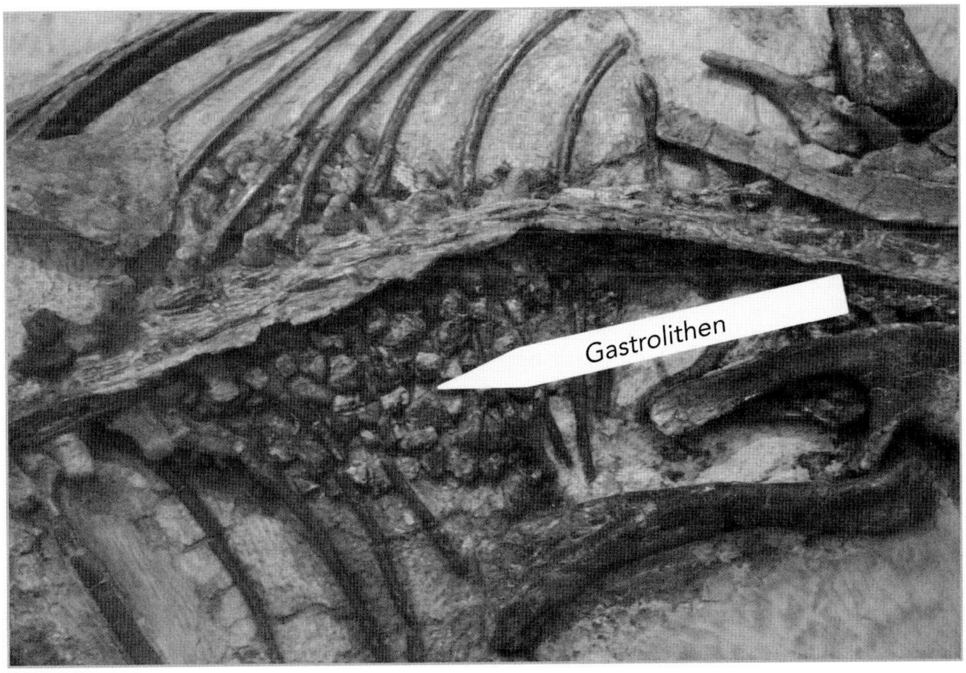

Zwischen den Rippen dieses Dinosaurierskeletts sieht man deutlich die Gastrolithen in der Magengegend.

Und danach?

Es geht ganz schnell, alle im Laufe des Vormittags entstandenen Produkte (bis auf die Riesen-Saurier-Zeichnungen auf dem Schulhof) im Klassenraum so aufzubauen, dass alle Kinder alle Ergebnisse betrachten können: Lassen Sie Ihre Klasse wie im Museum an den Ausstellungsstücken vorbeilaufen.

Im Anschluss daran treffen Sie sich mit den Kindern im Stuhlkreis, um die Exponate kurz durchzusprechen und zu loben. Auch das weitere Vorgehen ist zu planen: Was ist noch nicht fertig? Was könnte noch gemacht werden? Was interessiert uns besonders? Wann und wie wird am Ende alles der Öffentlichkeit vorgestellt?

Da die Kinder heute weitgehend in Gruppen gearbeitet haben, können Sie die Leistungen der Gruppen bzw. deren Produkte bewerten. Gleichzeitig sind die Ergebnisse des Tages auch Dokumentationen der Arbeit, die am Ende des Projekttages ausgestellt werden können.
Sie können über eine weitere Präsentation als Ausstellung bei einem Elternabend oder Tag der offenen Tür nachdenken – direkt bei der Besprechung im Hinblick auf noch folgende Vorhaben.

Weitere Bausteine

Ein Dino-Lexikon herstellen

Zeitbedarf: beliebig (Daueraufgabe für Zwischendurch)

Sie brauchen:
* Sachbücher, Wissensspiele zu Dinosauriern
* ggf. einen Internetzugang
* Schreibsachen

Ein Dino-Lexikon lässt sich ganz einfach mittels eines kopierten Vorlage-Blattes für Steckbriefe herstellen. Ob die Klasse insgesamt ein Exemplar herstellt oder die Kinder nach und nach immer mal wieder einen weiteren Saurier in ihr Lexikon aufnehmen, ist nebensächlich.
Wichtig ist, dass die Kinder lernen, gezielt Informationen aus Texten zu entnehmen, Relevantes von Unwichtigem zu trennen und die Texte für die eigene Arbeit sinnvoll zu nutzen.

Wenn Sie Literatur und einen Stapel der Vorlagen auslegen, kann das Dino-Lexikon in der Zeit entstehen, wenn Sie einen zeitlichen Puffer benötigen, z.B. um die flotteren Kinder noch weiter zu beschäftigen.

Dino-Steckbrief

Name des Dinos: ______________________________

Zeitalter: ______________________________

Hier Bild malen oder einkleben:

Höhe: __________ Länge: __________ Gewicht: __________

Aussehen/Merkmale/Besonderes:

____

____

____

____

Nahrung: ______________________________

____

Feinde: ______________________________

____

Dinos formen

Zeitbedarf: mindestens 30 Minuten zum Formen, weitere Zeit zum Bemalen und Ausgestalten

Sie brauchen:

* Modelliermasse (Knete, lufttrocknender Ton, Salzteig, Fimo® etc.) für die ganze Klasse
* Wasser zum Glattstreichen
* eine glatte Arbeitsfläche (z.B. Küchenbrettchen) zum Ausrollen und Kneten
* Zeitungspapier zum Unterlegen und Lagern während der Trocknung
* Zahnstocher, Büroklammern, Messerchen etc. zum Formen, Ritzen, Verzieren
* Vorlagen für Dinosaurier aus Sachbüchern
* evtl. Acrylfarben zum Bemalen

Natürlich lassen sich auch Dinosaurier aus Knete, Ton und anderen Modelliermassen formen.
Ein 10-Kilo-Block Ton reicht normalerweise für eine Schulklasse aus. Vielleicht halten Sie aber zur Sicherheit einen zweiten Block Ton bereit und überlegen sich schon mal, was Sie sagen, falls Ihre Kinder einen Apatosaurus in Lebensgröße planen …

Jedes Kind bekommt einen tennisballgroßen Klumpen Modelliermasse (der Einfachheit halber wird hier weiter von Ton gesprochen) und knetet ihn richtig gut durch, bis er geschmeidig und angewärmt ist.
Zuerst sollte ganz grob der Dino-Leib geformt werden, aus dem dann vorsichtig Hals und Kopf und Schwanzansatz gezogen werden. Anschließend setzen die Kinder vier (oder zwei?) Beine an. Wichtig: Die Ansatznähte zwischen Beinen und Körper müssen gut glatt gestrichen werden, damit die Beine später nicht abfallen.

Jetzt kommt die Verzierung: Platten auf den Rücken (Ansatzstellen auch wieder gut glätten!), Stacheln oder Hörner ansetzen (evtl. auch aus weiteren Materialien, wie Holz), das Gesicht gestalten.

Der fertige Dino wird nun getrocknet. Lufttrocknender Ton härtet in wenigen Tagen aus und braucht nicht gebrannt zu werden, sofern Sie die Dinos nicht in den Garten stellen möchten. Wer will, kann seinen Dino noch mit Acrylfarben anmalen.

Hier Beispiele für Ton-Dinosaurier, gefertigt von Kindern der Kinderkunstschule Bochum. Aus: „Jungs machen Kunst" von Andrea Reinhardt, s. Medientipps S. 118.

Flugsaurier bauen

Zeitbedarf: ca. 45 Minuten

Flugsaurier mit riesiger Spannweite üben eine große Faszination aus. Vor allem, wenn Sie mit Ihrer Klasse einmal eine Ausstellung im Museum besucht haben, die Kinder dort unter einem Pteranodon stehen konnten und sich nun vorstellen können, um wie viel erschreckender der Anflug eines solchen Tieres gewesen sein muss, als es noch lebendig war. Manchmal hatten die Flügel bis zu 9 m Spannweite! Dabei wog das Tier unter 20 kg – eine Riesen-Fledermaus mit Storchenschnabel und nach hinten gerichtetem Einhorn sozusagen. Wenigstens hätte es als reiner Fischfresser die Kinder verschont …

Übrigens lässt sich das „Pteranodon-Gefühl" auch in der Sporthalle erleben: Messen Sie einmal den Durchmesser des Schwungtuchs, das Sie bestimmt irgendwo im Fundus haben. Wenn das auch nur annähernd passende Maße hat, können Sie es so raffen, dass zwei lange, schmale „Flügel" entstehen, die Sie dann mittels mehrerer Kinder durch die Halle „fliegen" lassen.

Zum Nachbauen (en miniature!) brauchen die Kinder:

- Kleiderbügel aus Draht
- viel Fotokarton und Kartonstücke
- Scheren, Kleber
- Wasserfarben
- starkes Klebeband oder Nadel und Faden

Legen Sie den Kleiderbügel auf ein großes Stück Pappe, und zeichnen Sie die Umrisse beider Flügel eines Pteranodons so darauf, dass der Bügel die Flügel tragen kann, ohne irgendwo überzustehen. Die Kinder schneiden die Papp-Silhouette aus und malen sie an. Nun können die Flügelteile am Bügel befestigt werden – mit starkem Klebeband oder auch mit Nadel und Faden einfach „annähen". Anschließend schneiden die Kinder aus Pappe noch einen Kopf aus und malen ihn an. Den Haken des Kleiderbügels verdrehen sie so, dass er im rechten Winkel zu den Flügeln steht und die Kopf-Pappe daran befestigt werden kann. Nun braucht der Flugsaurier nur noch Hinterbeine – einfach ebenfalls aus Pappe ausschneiden und ankleben.
Das imposante Geschöpf macht sich am besten aufgehängt unter der Zimmerdecke.

Die Lebend-Rekonstruktion eines Pteranodons – als Vorlage für den Ausschnitt aus Pappe

Vulkan der Urzeit

Zeitbedarf: ca. 45 Minuten

Sie brauchen:

* einen Trichter, an dem unten ein Strohhalm mit Gelenk befestigt ist
* etwas rot gefärbtes Wasser
* einige Papierstückchen aus dem Locher
* einen Haufen feuchten Sand auf einem Tablett oder Backblech

Eine der vielen Theorien zum Aussterben der Dinosaurier besagt, dass möglicherweise Vulkanaktivitäten stark zunahmen und das Leben auf der Erde mit ihren Aschewolken verdunkelten – und nach und nach fast zum Erliegen brachten. Die Dinosaurier haben diese Veränderung jedenfalls nicht überstanden. Also sollten wir uns wenigstens am Rande auch mit Vulkanismus beschäftigen ...

Das Erdinnere ist weitgehend flüssig (das glühende, unterirdische Gestein nennen wir Magma). Dort sammeln sich in der enormen Hitze Gase, die, wenn der Druck zu groß wird, an die Oberfläche drängen. Das erleben wir als Vulkanausbruch, bei dem Gase, Asche und natürlich Lava austreten.

Einen Vulkan kann man leicht selbst bauen, z.B. in einem Sandkasten oder mit einem Haufen Sand auf einem Tablett oder Backblech.
Lassen Sie den Trichter so in den Sandhaufen ein, dass der Rand oben gerade noch herausguckt und das Ende des Strohhalms unten am Sandberg herausragt (etwas nach oben gebogen). Füllen Sie vorsichtig gefärbtes Wasser in den Trichter. Dichten Sie den Strohhalm dabei mit einem Finger ab. Streuen Sie einige Papierstückchen als „Gesteinsbrocken" oben auf das Wasser.
Nun kann ein Kind von unten in den Strohhalm blasen, damit den Druck im „Erdinneren" erhöhen, bis der Vulkan ausbricht und „Gestein und Lava" nach oben schleudert.

Einen Urzeit-Schaukasten anlegen

Zeitbedarf: ab 30 Minuten

Sie brauchen:
* Spielfiguren von Dinosauriern
* einen Karton
* Farne, Gräser, Blütendolden usw.
* Steine

Wie könnte es in der Urzeit ausgesehen haben? Hinter welchem Felsen hat sich wohl der Stegosaurus versteckt, wenn ihn der Tyrannosaurus bedrohte? Fantasievolle Schaukästen lassen sich mit einfachsten Mitteln herstellen und später ausstellen.

Schachtelhalm und Farne gab es schon zu Zeiten der Dinosaurier. Sie würden besonders gut in den Schaukasten passen. Auch der vorhin beschriebene Vulkan kann in einem (größeren) Kasten stehen, und die von den Kindern selbst aus Ton geformten Dinos sowieso.

Warum hat der T-Rex vom Apatosaurus abgelassen?

Eine Ausstellung vorbereiten

Zeitbedarf: mindestens 60 Minuten

Sie brauchen:
* Plakate
* Wände oder Stellwände
* Tische
* Stifte, Papier, Scheren
* Pappkärtchen (als Schilder an Ausstellungsstücken)

Laden Sie doch mal alle Schüler, Kollegen, Eltern, Geschwister ein, eine Reise in die Urzeit zu unternehmen. Tragen Sie dazu alle Produkte zum Thema im Klassenraum zusammen, und überlegen Sie mit Ihrer Klasse, wie man eine Dino-Ausstellung erstellen könnte.

Die Ausstellung könnte z.B. nach Zeitaltern (Trias, Jura, Kreide) gegliedert sein, aber auch nach Saurier-Arten (Fleischfresser, Pflanzenfresser). Wer möchte, kann Schilder gestalten, auf denen sich nicht nur der Name des jeweiligen Dinosauriers befindet, sondern auch der Fundort (der echte oder das Buch, aus dem das Bild stammt) sowie der Nachwuchs-Paläontologe, der das Ausstellungsstück entdeckt, erforscht und zur Schau bereitgestellt hat.

Was besonders gut ankommt: Die zerlegten Dinosaurier des Paläontologen-Kongresses (S. 16–21) können auch weiter vergrößert werden und für die Ausstellungsbesucher an eine Pinnwand gesteckt werden, damit sie selbst etwas zu tun bekommen und die Skelette wieder zusammensetzen. Das funktioniert gut, wenn Sie die Skelett-Teile gescannt per Beamer (oder auf Folie kopiert und mit dem Overhead-Projektor) an die Wand werfen und dann so groß auf Plakaten nachzeichnen.

Kleine Paläontologen bei der präzisen Rekonstruktion von Dino-Skeletten

Modul B:
Steinzeit

Zur Sache

Die Steinzeit heißt Steinzeit, weil die Werkzeuge hauptsächlich aus Stein bestanden? Dieser Irrtum ist weit verbreitet. Wahrscheinlich wurden **die meisten Dinge aus Holz** hergestellt. Aber Holz überstand die Jahrtausende einfach nicht so gut wie Werkzeuge aus Stein, die die Nachwelt fand. Doch auch **Horn und Knochen** waren wichtige Werkstoffe neben **Holz und Stein**.

Als Steinzeit bezeichnet man einen langen Zeitraum, der **vor etwa 2,5 Mio. Jahren** begann. Man schätzt, dass die ersten Zeugnisse menschlicher Werkzeuge etwa dieses Alter haben. Die Steinzeit endet etwa **8000–2000 v. Chr.**, wobei die Grenzen der Steinzeit von Ort zu Ort sehr unterschiedlich sein können: Für Afrika („die Wiege der Menschheit") gelten die erwähnten 2,5 Mio. Jahre, in Europa begann die Steinzeit schätzungsweise erst vor 1,8 Mio. Jahren, belegt durch Funde in Georgien. Als **Ende der Steinzeit** wird die Phase definiert, als der Mensch die **Metallverarbeitung** lernte (Bronzezeit und Eisenzeit). Auch diese Entwicklungen traten regional sehr verschieden auf.

Die Steinzeit wird weiter in drei Phasen unterteilt:

- **Paläolithikum** (auch Altsteinzeit/Frühsteinzeit)
- **Mesolithikum** (auch Mittelsteinzeit)
- **Neolithikum** (auch Jungsteinzeit/Spätsteinzeit)

Mit dem Zeitraum zwischen 2,5 Mio. Jahren bis 8000 Jahren v. Chr. ist die **Frühsteinzeit** der größte Teil der Menschheitsgeschichte. Hier nutzten die Menschen erstmals **Werkzeuge** – also veränderte Naturmaterialien. Ob die ersten zugespitzten Steine absichtlich hergestellt wurden oder durch Zufall entstanden, lässt sich heute nicht mehr klären, aber der Nutzen wurde bald erkannt. In den kommenden Jahrtausenden wurde die **Herstellung und Benutzung von Stein- und Holzmaterialien** langsam weiterentwickelt.

In der Frühsteinzeit wird auch **erstmals** das **Feuer genutzt**. Es ermöglichte den Menschen nun auch, kältere Gebiete zu besiedeln. Zudem konnten **Nahrungsmittel durch Erhitzen** jetzt verdauungsfreundlicher zubereitet werden.

Faustkeile aus der Frühsteinzeit

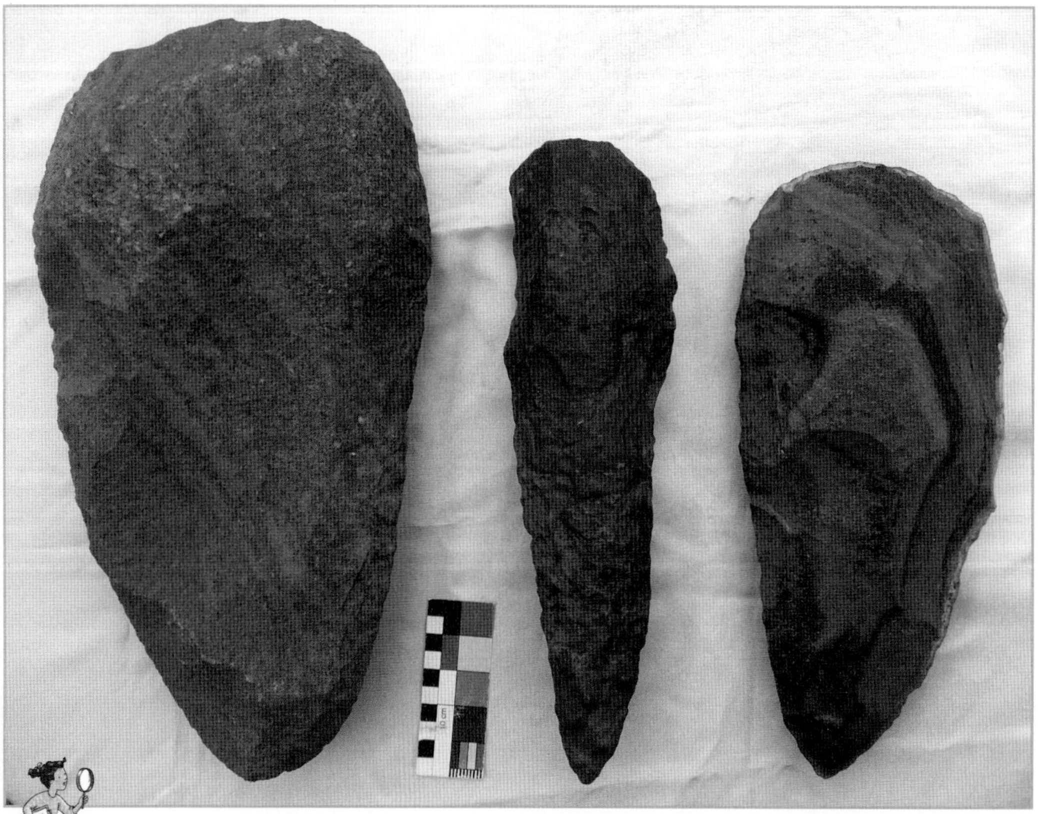

Vor etwa 120000 Jahren, im **Mittelpaläolithikum**, entwickelten sich die Menschen zu spezialisierten **Jägern und Sammlern**. Man ging vor allem auf **Großwildjagd** und benutzte dazu aus Holz und Stein zusammengesetzte **Waffen**. Erste **Kunstwerke** sind aus dieser Zeit erhalten, und vermutlich gab es schon eine Vorstellung vom **Leben nach dem Tod**, da Grabbeigaben bei Erdbestattungen gefunden wurden.

Ab etwa **40000 v.Chr.** wurden deutlich **verfeinerte Werkzeuge**, wie lange und schmale Klingen, benutzt. Bis heute erhaltene Höhlenmalereien, **Grabbeigaben und religiöse Objekte** geben Zeugnis vom Leben der Menschen. Aus dieser Zeit sind auch Reste von **Zelten**, **Lampen** mit Docht, **Schmuck und Waffen** erhalten.

Ganz und gar nicht eindeutig festzulegen ist die Zeit des **Mesolithikums**, da Ende der Früh- und Beginn der Spätsteinzeit als obere und untere Grenzen je nach Region deutlich differieren. Ganz grob kann man die Mittelsteinzeit aber zwischen **80000 und 5000 v.Chr.** ansetzen.

Diese Phase ist gekennzeichnet vom langsamen Zurückweichen der letzten Eiszeit und der **Erwärmung des Klimas**. Somit änderten sich natürlich auch Fauna und Flora gewaltig. Viele **Menschen wurden sesshaft**, weil sie sich ganzjährig an einem Ort versorgen konnten. Die Werkzeuge wurden weiter spezialisiert, z.B. kamen erste Säge-Werkzeuge auf. Gegen Ende dieser Zeit wurde erstmals gezielt **Getreide angebaut**, es wurden **Tiere gehalten** und Keramiken erzeugt.

Mit dem Beginn der **produzierenden Wirtschaft**, der Einführung von **Ackerbau und Viehzucht** also, beginnt auch das **Neolithikum**, die Spätsteinzeit. Dieser Wandel vom reinen Aneignen zum geplanten Produzieren bezeichnet man auch als **Neolithische Revolution**.
Durch die zunehmende Sesshaftigkeit der Menschen lassen sich auch immer **mehr archäologische Funde** zuordnen. Anfangs war die Metallbearbeitung noch auf **Gold, Silber oder Kupfer** beschränkt und diente meist der Schmuckherstellung. Diese Metalle waren jedoch zu weich, um sie für Waffen zu benutzen (was erst in der nachfolgenden Periode des Metallzeitalters dauerhaft gelang). Ein besonders berühmter Zeitgenosse aus dem Neolithikum ist übrigens Ötzi.

Sichel mit Einsatzklingen aus der Jungsteinzeit

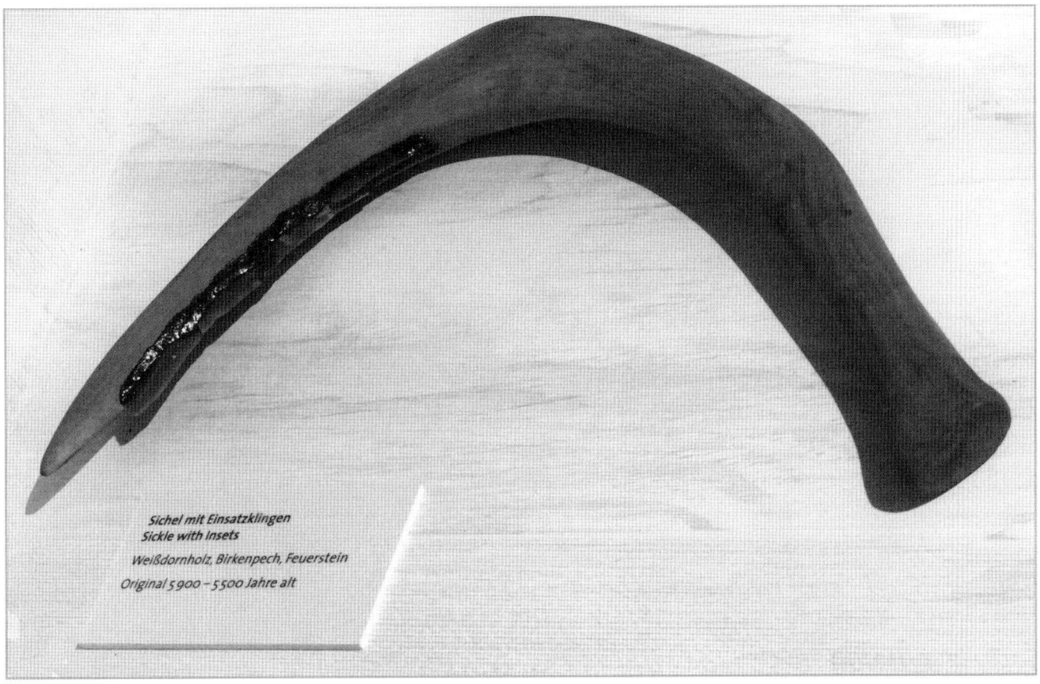

Der **„Homo erectus"** gilt gemeinhin als Vertreter der frühen Steinzeit, der **„Homo heidelbergensis"** und der daraus hervorgegangene Neandertaler als der der mittleren Steinzeit. In der späten Steinzeit lebten dann der Neandertaler und der moderne Mensch **„Homo sapiens"** lange nebeneinander, doch vor etwa 30000 Jahren starb der Neandertaler aus.

Von Anfang an nutzten die Steinzeitmenschen **Höhlen**, doch es gibt auch Nachweise von **primitivem Hüttenbau** für „Jagdhütten" – also nur kurzfristig bewohnte Behausungen. In der Mittelsteinzeit bauten Mammutjäger Hütten aus Knochen, Stoßzähnen, Holzstangen und Fellen, in deren Mitte sich schon **Feuerstellen** befanden. Erste „Souterrainwohnungen" gab es in der Spätsteinzeit, als Gruben ausgehoben wurden, auf die eine Hütte gebaut wurde, die zeltartig ausgesehen haben muss. Diese Hüttengruben wurden von **dauerhaft bewohnten Wohnhäusern** aus Holz, Stein, Lehm und Flechtwerk in der späten Steinzeit abgelöst.

Als **Nahrung** dienten den Jägern und Sammlern der Steinzeit alle Dinge, die sich in ihrem Lebensumfeld finden ließen: **Fleisch, Fisch und Eier** ebenso wie Honig und **sämtliche Teile von Pflanzen**. Obst, Gemüse und Getreide sowie Milch und Milchprodukte gewannen erst mit der gezielten Viehhaltung an Bedeutung. Natürlich war die Ernährung – jahreszeitlich angepasst – unterschiedlich.
Etwa ein Drittel seiner Nahrung gewann der Steinzeitmensch aus pflanzlichen Lebensmitteln, den **überwiegenden Teil aus tierischer Herkunft**. Gegen Ende der Steinzeit änderte sich dies deutlich, da durch das Zurückweichen der letzten Eiszeit der Anbau von Pflanzen besser und vielfältiger möglich wurde. Außerdem starben große Beutetiere, wie Mammuts, aus, und kleinere, schnellere eingewanderte Säugetiere nahmen ihren Platz ein. Sie waren schwieriger zu jagen, aber wenn sie domestiziert werden konnten, sorgten sie auch bequemer für Versorgung mit tierischen Lebensmitteln.

Zur Zeit des Übergangs von Jungsteinzeit zu den Metallzeitaltern setzte eine **Bevölkerungsexplosion** ein, da durch **aufkommenden Handel** zwischen Siedlungen mit Lebensmitteln und Werkzeugen nun eine große Zahl von Menschen ernährt werden konnten.

Essen und Kochgeschirr aus der Jungsteinzeit.

Die Absicht

Eine **behütete Kindheit** war in der Steinzeit **nicht bekannt** und auch nicht relevant. Alle mussten **mitarbeiten** – sobald sie dazu körperlich und geistig in der Lage waren. Jeder tat das, was er besonders gut konnte. Und natürlich lernte man auch erst einmal alles Wichtige, bevor man sich „spezialisierte". Dies wird Kindern heute komplett abgenommen, und zwar nicht nur bezüglich der Arbeit an sich, sondern auch im häuslichen und ganz persönlichen Bereich: „Warte, ich binde dir schnell die Schuhe!", „Lass mich das machen, dann geht's flotter!" und das altbekannte „Dazu bist du noch zu klein!" kennen Sie sicher …

Damals galt es schon, sämtliche **elementaren Aufgaben** so gut wie möglich zu beherrschen, um so schnell wie möglich eigenständig sein zu können: Wer kein **Feuer machen** konnte, bekam im Ernstfall keine warme Mahlzeit. Und weitaus schlimmer: Wer nicht **Jagen lernte** oder zu faul zum **Sammeln** war, musste verhungern, wenn er für einige Zeit allein war, z.B. auf Wanderungen zu anderen Stämmen oder Siedlungen.

Ziel für jeden Steinzeitmenschen musste sein, das komplette **Leben selbst gestalten** zu können, in der Gemeinschaft und **für die Gemeinschaft** zu arbeiten, für andere verlässlich zu sein. Dinge, die heute immer mehr verloren gehen …

Im Jahr 2006 gab es im SWR-Fernsehen ein großartiges **Steinzeit-Projekt**. Ein gutes Dutzend Menschen wurde zunächst im Pfahlbaumuseum Unteruhldingen von Fachleuten geschult, danach für zwei Monate in einem abgegrenzten Areal „ausgesetzt". Sie sollten das Leben der Steinzeitmenschen nachempfinden. Schon die Fertigstellung der Hütte war eine Riesen-Aufgabe. Was aber besonders beeindruckte, war die Tatsache, dass täglich **mehrere Stunden lang Getreide gemahlen** wurde, nur um abends einen Brei daraus kochen zu können. Zum Backen kam erst gar niemand mehr, so anstrengend waren die Tage. Dieses Bewusstsein, dass **Nahrung** und handwerklich **hergestellte Gegenstände** einen **enormen Wert** darstellen, haben wir heute allesamt nicht mehr. Dazu bräuchten wir alle ein „Steinzeit-Experiment".

Rekonstruktion eines Steinzeithauses im Pfahlbaumuseum Unteruhldingen

Wer einmal für mehrere Tage lang komplett selbst für seine Ernährung gesorgt hat (und mehr wollen wir erstmal gar nicht verlangen), wird sein **Brot mit anderen Augen anschauen**, garantiert! Mit dem Steinzeit-Projekttag können wir zwar Kinder nicht gänzlich davon abhalten, ihre „falsch" belegten Pausenbrote in den Mülleimer zu werfen, aber wir können ein wenig **zum Nachdenken anregen**, wie **kostbar Rohstoffe und Lebensmittel** sind und wie überaus gut wir es heutzutage haben – in einer Zeit, in der Jammern auf hohem Niveau selbstverständlich geworden ist.
Außerdem wollen wir natürlich geschichtliche Fakten vermitteln: **Wie lebten Steinzeitmenschen?** ... und nacherlebte Geschichte ist immer lebendiger als ein „Besuch" im Sachunterrichtsbuch.

Der Projekttag „Steinzeit"

Hat sich eine Schulklasse zum Thema Steinzeit in meiner Schule im Grünen angemeldet, kläre ich mit den Kindern immer zuerst das **Vorwissen**. Sie müssen das evtl. nicht tun, da Sie Ihre Kinder ja schon länger kennen und möglicherweise auch im Vorfeld des Tages schon über die Steinzeit gesprochen haben – sei es inhaltlich, sei es planerisch für den Projekttag.

Danach oder dabei, je nachdem, was von den Kindern erwähnt wird, zeige ich auch, wie man **Getreide gemahlen und Feuer geschlagen** hat. Die einzelnen Dinge, die man zum Feuerschlagen benötigt, werden namentlich genannt. Wenn es klappt, wird ein glühendes Zunderstückchen herumgereicht, das jedes Kind kurz und vorsichtig anpusten muss, damit es weiterglüht. Auch am „angekokelt" riechenden Feuerstein dürfen dann alle schnuppern.

Dies ist bereits die **Einführung zur anschließenden Stationenarbeit**: Es gibt parallel **vier Angebote**, die in Gruppen nacheinander zu durchlaufen sind. Die erste Station beschäftigt sich mit dem **Herstellen und Verwenden von Farben**.
Die zweite Station dreht sich um das **Licht**: Schließlich brauchte man es in der Wohnhöhle dringend. Als „Puffer" für schnelle Kinder ist hier gleichzeitig auch noch die Herstellung eines steinzeitlichen Amuletts mit Tiermotiv möglich.

Mit dem **Feuerschlagen und dem Getreidemahlen** beschäftigt sich die dritte Station. Die vierte Station verlangt archäologische Mitarbeit beim **Ausgraben, Zusammensetzen und Zeichnen von Skeletten** oder beim Rekonstruieren „steinzeitlicher" Töpferware.

Im Anschluss an die Stationen kann z.B. **Stockbrot** gebacken werden. Eine **„steinzeitliche Staffel"** rundet den Projekttag als Spiel ab.
Auf das vergleichsweise komplizierte Feuerbohren verzichte ich übrigens wegen der hohen Misserfolgsquote. Feuerschlagen ist auch schon eine Herausforderung.
Ebenso lasse ich keine Faustkeile und Waffen herstellen, da abspringende Steinsplitter bei der Herstellung zu risikoreich sind.

Ablaufplan für den Projekttag „Steinzeit“

Was wird gemacht?	Ort/Form/Zeit	Material
Einführung: Den Begriff Steinzeit herleiten	Plenum *15 Minuten*	• Woll- oder Bindfaden von 25 m Länge
Vorführung: Getreide mahlen, Feuer schlagen	Plenum *15 Minuten*	Material komplett aus der Stationenarbeit (siehe unten): • Steinplatte • Mörser • Korn • Feuersteine • Feuereisen • Zunder • Messerchen zum Aufrauen • feuerfestes Keramikschälchen
Stationenarbeit besprechen	Plenum *10 Minuten*	
Stationenarbeit	**Stationen** *jeweils 30 Minuten* *(insgesamt 120 Minuten)*	(evtl. laminierte) Kopiervorlagen Abdeckung für alle Arbeitstische
1. Farben herstellen und benutzen	**1.** an der Station	• mindestens 10 Stück selbstgemachte Zeichenkohle • 4–6 Eier • mehrere verschiedenfarbige Erden, sonst: Gewürze (z.B. je einmal Paprika, Curry, getrocknete Petersilie) • 2–3 kleine Mörser • 5–10 Pinsel • 5–10 Malsteine oder Malpapier für die ganze Klasse • 2–4 laminierte Vorlagen zum Abzeichnen der Steinzeittiere • ggf. Schwamm zum Reinigen der Steine • Kamera
2. Tonlampe herstellen (und ggf. Amulett)	**2.** an der Station	• einen 10-kg-Block Ton • 5–6 Büroklammern • Schälchen mit Wasser • 1–2 laminierte Vorlagen für Bandmuster • Wachsreste oder ganze Kerzen • Konservendose, leer und sauber • ca. 2 m Baumwollfaden • ca. 20 Zahnstocher oder Streichhölzer • Herdplatte • Topflappen

3. Getreide mahlen, Feuer schlagen	**3.** an der Station	• eine Steinplatte oder -mulde • einen rundlichen und grobporigen Stein, faustgroß • 1–2 Mörser • 2 Tüten Korn (je 1 kg) • Schälchen für Mehl • Sieb • mehrere Feuersteine • ein Feuereisen • Zunder • 1–2 feuerfeste Keramikschälchen • etwas trockenes Heu/Holzwolle
4. Archäologie	**4.** Außengelände und später Station; oder komplett an der Station	• ca. 5 kleine Schaufeln • ca. 6 m Fäden und mehrere Stöcke zum Abstecken des Areals • max. 4 Blumentöpfe oder Porzellangefäße in Scherben • evtl. 1–2 Spielzeug-Skelette in Einzelteilen • Zeichenpapier im Klassensatz • 1–2 Tabletts für Fundsachen • ggf. eine kleine Waschwanne voll Vogelsand für Grabungen • 1–2 Küchensiebe • guten Klebstoff • Hammer (zum Zertrümmern der „Fundsachen" bei der Vorbereitung) • Plastiktüte (damit keine Splitter beim Zertrümmern umherfliegen)
Stockbrot backen	Außengelände oder Küche *45 Minuten*	• 2–3 kg vorbereiteter Teig • Klassensatz Stöcke in Armlänge • Feuerholz • Anzündmaterial (etwas Papier oder Holzwolle) • Feuerstelle, evtl. Feuerkorb • Feuerzeug
Steinzeit-Pendelstaffel	Außengelände oder Station *10 Minuten*	• 5 Stöckchen pro Spielstaffel/Kleingruppe
Zeitbedarf komplett	***3,5 Zeitstunden***	

Die Planung des Projekttages

Sie können den Projekttag Steinzeit komplett **im Klassenraum** durchführen. Auf dem Schulhof oder im Werkraum wäre er sicher noch schöner, aber am allerbesten ganz sicher irgendwo mit **Anschluss ins Grüne**: Vielleicht lässt sich ja ein elterlicher Garten oder das Vereinsgelände eines Naturschutzvereins o.Ä. nutzen?
Aber achten Sie darauf, dass Sie auf jeden Fall **Strom und Wasser** zur Verfügung haben.

Sie können den Tag alleine durchziehen. Dann aber sind Sie am Ende völlig platt und haben nur einen Bruchteil dessen mitbekommen, was Ihre Klasse so getan hat.
Entspannter würde der Tag ablaufen, wenn Sie für jede der **vier geplanten Stationen** einen **erwachsenen Helfer einplanen** können, denn Ratschläge werden an allen Stationen benötigt.

Getreide mahlen:
Eine **Steinplatte**, auf der man Getreide mahlen kann, bekommen Sie ganz billig: Der örtliche Grabsteinmetz hat immer irgendwelche Reste herumliegen, die er verschenkt. Eine Platte von etwa 30 x 30 cm wäre gut. Selbst glatt geschliffene **Granit-Fußbodenplatten** eignen sich gut: Auf der Rückseite sind sie nämlich schön rau und genau richtig. Als Mahlstein können Sie einen **grobporigen Stein in Faustgröße** suchen oder einen kleinen, groben Pflasterstein benutzen. Eine **steinerne Mulde** wäre natürlich optimal, aber eine gerade Fläche tut's auch. Einen **Mörser** hat bestimmt der eine oder andere Elternteil noch zu Hause. Bitte nehmen Sie keinen ganz kleinen Küchenmörser für Kräuter – die sind oft zu glatt.
Zum Korn: Steinzeitmenschen kannten noch nicht genau unsere Getreidesorten, sondern in der Regel Urformen von Weizen, Emmer, Einkorn und Gerste. In der Bronzezeit kamen dann Hirse und Dinkel dazu. Weizen ist schön weich, lässt sich also gut mahlen. 1–2 kg reichen für den Projekttag aus.

Feuer machen:
Feuersteine können Sie problemlos in **Internet-Shops** ordern, allerdings kommt es Sie wesentlich billiger, wenn Sie (wie Sie das als lebenslang jagende und sammelnde Grundschullehrer ohnehin tun) in den Ferien am Strand von Ost- und Nordsee nach Feuersteinen Ausschau halten. Es sind diese schwarzen Steine, die oft ganz glatte Abbruchflächen haben und die, schlägt man sie aneinander, gleich nach Feuer riechen.

Ein wenig Übung ist zum Funkenerzeugen allerdings nötig. Die Steine gegeneinanderschlagen und dabei in einer entschlossenen Bewegung aneinander vorbeiziehen – so ungefähr funktioniert das.
Mir reicht es, den Kindern zu zeigen, dass man so einen Funken erzeugen kann. Tatsächlich **Holzwolle zu entzünden**, ist meist zu schwierig. Einfacher geht das Funkenerzeugen mit einem **Feuereisen** – einem Eisenstück, das man an Stelle des zweiten Feuersteins benutzt.
Das ist zwar nicht mehr steinzeit-authentisch, aber weil schließlich das Erfolgserlebnis „selbstgemachtes Feuer" im Vordergrund steht, mache ich das so.

Noch besser klappt es mit einem **modernen Feuereisen**, das zum Camping benutzt wird und aus einer Magnesiumstange und einem Eisenschaber besteht. Sofort **sprühen die Funken**, und die bekommt man auch relativ **zielgerichtet in den Zunder**, sodass es schnell kokelt.
Diese Feuereisen („Striker") bekommen Sie z.B. günstig bei eBay oder Amazon.

Damit der Funken zum Feuer werden kann, braucht man **Zunder**. Das ist ein **Baumpilz** – das getrocknete Innere des Zunderschwamms, der meist am Totholz von Buche oder Birke wächst. Besonders **leicht entzündlich** wird der Zunder, wenn er zuvor in Salpeterlösung getaucht und wieder getrocknet wurde. Am einfachsten ist es, wenn Sie fertig brennbaren Zunder kaufen – auch den gibt es in Internetshops. Schaben Sie vom Zunder ein winziges Stückchen mit dem Messer ab, rauen Sie es auf, so gut es geht, denn so nistet sich der Funke am besten ein. Übrigens: Schon der berühmte Ötzi trug Zunderschwamm bei sich. Auch die **getrockneten Flugsamen von Löwenzahn und Disteln** können als Anzündmaterial benutzt werden, sowie das Innere des Rohrkolbens, mehlige Fasern morschen Holzes, trockene Flechten, Torffasern oder die dünnen Fäden der Birkenrinde.
Legen Sie das winzige Bröckchen mit Glut in ein Nest aus leicht entflammbarem **feinen Heu** o.Ä., und schon kann mit etwas Anpusten **das erste Feuer** entstehen. Ein feuerfestes **Keramikschälchen** ist gut geeignet, um den glühenden Zunder herumzureichen und ein ungewolltes Ausbreiten der Glut zu verhindern.

Zeichenkohle:

Zeichenkohle kostet eine Menge Geld. Aber die Steinzeit-Menschen haben schließlich auch „nur" **verkohltes Holz aus der Feuerstelle** genommen, um damit zu zeichnen. Ich gehe mit der Gartenschere einmal durch den Garten und schneide überstehende (mindestens fingerdicke) **Zweige** von Flieder, Holunder und anderen Büschen ab, die sowieso bald dran glauben müssten. Diese schneide ich so klein, dass sie in eine aussortierte, **feuerfeste Blechdose** passen. Wichtig: Der **Deckel** muss **gut verschließbar** sein. Im Sommer lege ich die **Dose ins Lagerfeuer** und hole sie nach dem Grillen am nächsten Morgen wieder aus der Asche. Im Winter lege ich sie abends in die **restliche Glut im Kaminofen** und fische sie morgens heraus. Die Zweige sind dann perfekt zu Holzkohle geworden, ohne zu verbrennen.
Holunder eignet sich übrigens sehr gut, wohingegen Flieder-Kohle oft nicht weich genug zum Zeichnen wird und auf Papier stark kratzt.

Zum Ausmalen der mit Kohle gezeichneten Umrisse von Mammuts und anderen Tieren werden ganz **normale Pinsel** benutzt. Ich verzichte darauf, selbst Pinsel herzustellen: Das könnte man an einer weiteren Station tun, um konsequent auch das komplette Material der Steinzeitmenschen nachzubauen, aber selten werden die Pinsel so gut, dass das Malen damit Spaß macht. Wie Sie dennoch Pinsel herstellen können, ist im Kapitel „Weitere Bausteine" beschrieben.

Erdfarben:

Um Farbe anzurühren, benötigen Sie **Eiweiß als Bindemittel**. Kleister funktioniert natürlich auch, aber den kannten die Steinzeitmenschen noch nicht. Wahrscheinlich benutzten sie Blut, Harze und Pflanzensäfte. Für unsere Zwecke reicht ein Ei pro Farbe und Projekttag.

Wenn Sie keinen Zugang zu **unterschiedlich gefärbten Erden** haben, nehmen Sie einfach **Gewürze aus dem Supermarkt**: Ein Gläschen Paprika, eins mit Curry, einen Beutel geriebene Trocken-Petersilie, schon haben Sie Rot, Gelb und Grün. Obendrein duften die Farben dann auch noch gut.

Eine Höhle zum Bemalen haben Sie ja aller Wahrscheinlichkeit nicht, also müssen Sie wohl auf modernere Bildflächen ausweichen: Die fast unendliche **Papierrolle von IKEA** kann Mammuts und Rentiere aller Größen aufnehmen, aber im Notfall reicht auch der ganz normale **Zeichenblock**. Ich habe mir einmal aus dem Baumarkt „Elefantenfüße" besorgt: Graue **Trittsteine aus Sandstein**, die wegen der ungewohnten Sandstein-Farbe offensichtlich niemand haben wollte und die daher billigst zu haben waren. So bekommt die Malerei Echtheits-Charakter.

Allerdings müssen Sie, da Sie wohl kaum einen Klassensatz Steine auslegen werden, nach jeder Gruppe alle Steine mit dem Schwamm abschrubben. Und vorher das **Fotografieren nicht vergessen**!

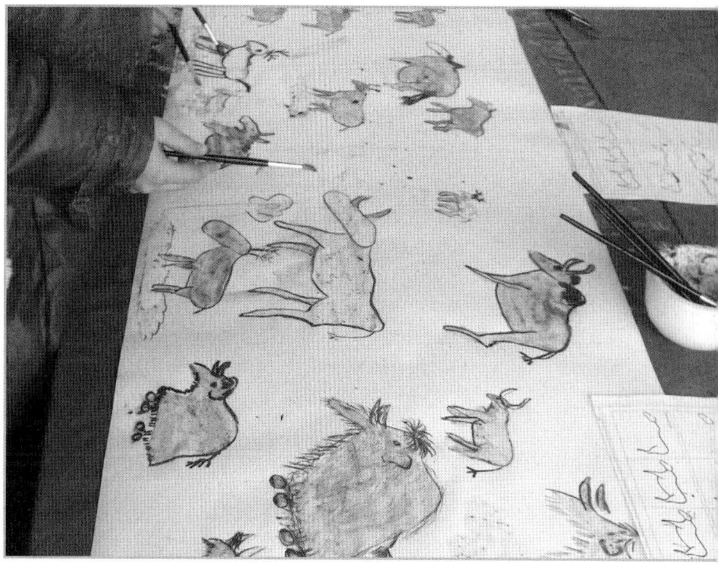

Steinzeit-Kerzen:
Steinzeitmenschen formten ihre Lampen oft aus weichem Stein, den sie mit Talg aus der Haut von Tieren füllten und für den sie Fäden aus dem Mark des Holunders nutzten.
Bis wir jedoch einen Stein bearbeitet haben, hat schon keiner mehr Interesse, noch eine Lampe daraus zu machen. Also muss es schneller gehen:

Im Bastelgeschäft gibt es **Ton im 10-kg-Block**. Nicht immer ist die Farbe wählbar, sodass manchmal grauer, dann wieder gelblicher oder rotbrauner Ton im Regal liegt. Aber die Farbe ist letztlich egal: Einer dieser Blöcke reicht völlig für die ganze Klasse. Wenn Sie ihn nicht schleppen wollen, bestellen Sie einen Block im Internet und lassen ihn direkt an die Schule liefern.

Zum Befüllen der geformten Lampen benutzen Sie am besten **Wachsreste**, die in einer alten Konservendose auf einer Herdplatte verflüssigt werden können, um sie in die Lämpchen zu gießen. Wenn Sie nicht genug Wachs haben, kaufen Sie einen **20er-Pack Kerzen** und schmelzen diese.
Die Dochte können Sie dann gleich zerschneiden und für die Lampen verwenden. Ansonsten tut es auch ein einfacher **Baumwollfaden**. Damit der Docht einigermaßen in der Mitte zu liegen kommt, wird er vor dem Befüllen der Lampe mit dem Finger etwas in den Ton gedrückt.

Wenn das flüssige Wachs in der Lampe ist, fällt der Docht meist auf eine Seite, weshalb ein Streichholz oder ein Zahnstocher über den Lampenrand gelegt werden kann, um den Docht stabil in der Mitte zu halten, bis das Wachs erstarrt ist.

Mit einer aufgebogenen Büroklammer können Sie die Ränder der Lampe vor dem Füllen gut bearbeiten und **feinste Muster hineinritzen**. Natürlich können Sie auch mit Splittern von Feuersteinen und dünnen Ästchen usw. arbeiten. Bitte vergessen Sie beim Packen Ihres Materials auf keinen Fall den Topflappen zum Anheben der heißen Konservendose.

Archäologische Grabungen:

Um in die Welt der Archäologen einzutauchen, habe ich mehrere **Skelette aus dem Spielwarenhandel** besorgt. Diese Plastik-Dinger finden sich möglicherweise aber auch schon in dem einen oder anderen Kinderzimmer und werden gar nicht mehr beachtet. Sie können also freigegeben werden für den großen Forschungsauftrag …

Ansonsten weichen Sie eben auf **„urzeitliche" Keramiken** aus: Ein Milchkännchen für 50 Cent kann schon mal mit dem Hammer zertrümmert und **im abgesteckten Areal** vergraben werden, um die Nachwuchs-Archäologen zu beschäftigen. Zum Zertrümmern legen Sie das Objekt bitte in eine Plastiktüte, damit die kleineren und messerscharfen Splitter nicht umherfliegen können.

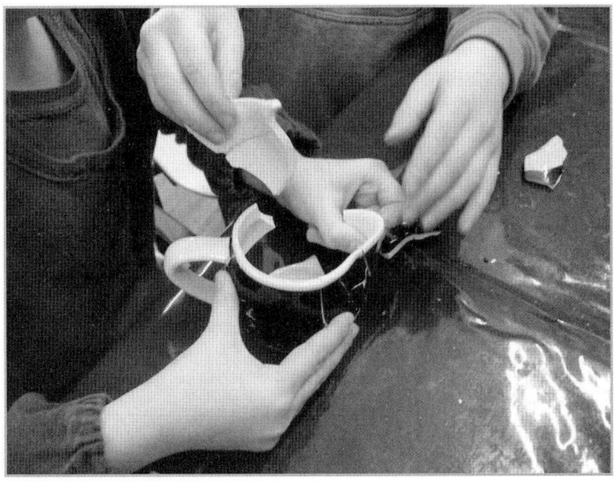

Wenn Sie keinen **Sandhaufen** in erreichbarer Nähe haben, nehmen Sie eine **Spülschüssel**, eine kleine **Plastikwanne** (oder auch eine große Salatschüssel), befüllen Sie sie mit billigem Vogelsand, und **vergraben Sie die Bruchstücke** darin. Mit Sieben und kleinen Schaufeln oder sogar einfachen Esslöffeln kann dann gegraben werden. Um die Fundsachen zu sammeln, ist ein Tablett oder ein großer Teller hilfreich. Zum **Rekonstruieren von Keramik** reicht normaler Flüssigkleber, die Skelette sind ohnehin meist zum Zusammenstecken ohne Kleber angelegt. Besonders toll ist es natürlich, wenn man echte Knochen findet. Ich habe die Kinder einmal in einem Sandhaufen graben lassen, der vom benachbarten Tiergarten herübergebracht wurde. Eines Tages wurde mir stolz ein riesiger Oberschenkelknochen und ein beeindruckend großer Kieferknochen irgendeines Tieres präsentiert. Da konnte ich meine Plastik-Säbelzahntiger natürlich einpacken…

Stockbrot:

Für das Stockbrot braucht jedes Kind einen **Stock in Armlänge**. Sollten Sie irgendwo im Grünen sein, können die Kinder ausschwärmen und herumliegende Äste sammeln, das klappt immer. Überzähliges Holz können Sie gleich als **Feuerholz** benutzen. Es verbietet sich von selbst, einen ganzen Klassensatz

Äste mit dem Taschenmesser von lebenden Büschen und Bäumen abzuschneiden. Dann nehmen Sie lieber einen Satz Bambusstöcke mit.

Der Teig muss vorbereitet sein. Die Kinder glauben zwar immer, sie würden selbst so viel Mehl aus ihrem Getreide mahlen, dass sie davon Brot backen können, aber das ist leider ein Trugschluss.

Hier ein **Rezept für Stockbrot** für eine ganze Klasse (30 Portionen):

Mischen Sie 2 kg Mehl, 1 Liter Wasser, 2 TL Salz, 4 Päckchen Trockenhefe zu einem Teig.

Während des Vormittags (der Stationenarbeit) kann der Teig in aller Ruhe gehen. Sie können ihn auch mit Kräutersalz oder Gewürzen verfeinern und noch wesentlich raffiniertere Rezepte benutzen, aber dieses ganz schlichte reicht eigentlich völlig. Sehen Sie z.B. unter **www.chefkoch.de** nach, da finden sich Dutzende Rezepte und auch ein Portionenrechner für den Materialbedarf.

Ganz wichtig, aber ein häufiges Problem: Ohne Feuerzeug wird es nichts mit dem Stockbrot! Möglicherweise ist eines Ihrer Kinder schon so weit, dass es ein Feuer mit steinzeitlichen Methoden entfachen kann, aber verlassen Sie sich lieber nicht darauf.

Für das Spiel zum Abschluss benötigen Sie schließlich noch einige Stöcke – vom Stockbrot übrig oder schnell draußen gesammelt.

Wenn's regnet:

Bei schlechtem Wetter verlegen Sie die Archäologie-Station einfach nach drinnen in die Waschschüssel. Auch die Malerei auf Steinen funktioniert nur bei gutem Wetter draußen. Sonst müssen Sie sie eben drinnen auf Papier malen.

Wenn Ihnen das Stockbrot-Backen mit der ganzen Klasse im Trubel eines Projekttages zu heikel ist, lassen Sie es. Bei Regenwetter sowieso! Sicher gibt es im Rahmen einer Klassenfahrt einmal die Möglichkeit, Stockbrot zu backen. Dann können Sie erinnernd an den Steinzeit-Tag anknüpfen.

Gibt es einen schöneren Höhepunkt für den Ausflug ins Grüne?

Die Umsetzung: „Steinzeit“ konkret

Der Einstieg

Wir beginnen mit einer Gesprächsrunde im Plenum:

Wieso heißt die Steinzeit eigentlich Steinzeit?
Schnell kommt von den Kindern die Antwort: Weil da alles aus Stein war.
Das lässt sich genauer herausarbeiten: In dieser Zeit wurden **Steine zunehmend** (zuerst zufällig, später bewusst) **bearbeitet**, um sie als Werkzeuge zu benutzen. **Holz** wurde ebenfalls benutzt, ist aber nur selten erhalten geblieben.
Damit ist auch schon der zweite wichtige Punkt angesprochen:

Steinzeit – wann war das überhaupt?
Wie bereits erwähnt, reicht die Steinzeit ganz grob von **ca. 2,5 Mio. Jahren bis etwa 2000 v.Chr.** Das lässt sich gut merken: Wir leben ungefähr 2000 Jahre nach Christus, die Steinzeit hörte zur gleichen Zeit vor Christus auf.
Trotzdem kann man sich den Zeitraum als Kind kaum vorstellen. Also lege ich einen **25 m langen Woll- oder Bindfaden** auf den Boden. Wenn der Projekttag draußen stattfindet, geht das komplett in dieser Länge, in der Klasse müssen Sie eben Schlangenlinien legen.
Die letzten 2 cm sind die Neuzeit (von Christi Geburt bis heute), die 2 cm davor die Bronze- und Eisenzeit, und die restlichen immer noch fast 25 m sind die fast 2,5 Mio. Jahre, die die Steinzeit dauerte. Das ist dann schon **eindrucksvoll für Kinder** zu sehen, wie lange die Steinzeit im Vergleich zu unserer noch so jungen „Neuzeit“ war.

Aber wie und wo lebten die Steinzeitmenschen?
Hier reicht es für den Anfang, wenn Sie mit den Kindern zusammentragen, dass die Menschen damals zunächst in **Höhlen** oder sogar auf **Bäumen** wohnten (Letzteres zur Freude aller modernen Baumhausbesitzer). Später bauten die Menschen **Hütten aus Ästen und Laub** und bespannten **Zelte mit Tierhäuten**. Als sie nach und nach sesshaft wurden, begannen die Steinzeitmenschen auch mit dem Bau von **Häusern aus Holz und Lehm**.

Wie entdeckten die Menschen das Feuer?
Da können Sie sich die wildesten Spekulationen anhören, aber wer weiß schon, wie es wirklich gewesen ist?
„Man hat es nach einem Blitzschlag einfach bewahrt.“ Möglich.
„Irgendwann fiel ein Feuerstein den Berg runter, prallte auf einen anderen Stein und ein Funken war zu sehen.“ Na ja …
„Kinder haben mit Steinen gespielt und dabei Funken geschlagen!“ Warum nicht?

Lassen Sie sich von den Vorstellungen Ihrer Klasse überraschen!

Im Anschluss an diesen Theorieteil erkläre ich immer im Plenum, wie das **Mahlen von Getreide** funktioniert. Alle Materialien dazu stehen schon an der Station bereit, die die Kinder später benutzen werden. Es ist wichtig, dass alle wissen, dass es nicht darauf ankommt, möglichst viel Getreide auf den Mahlstein zu schütten, sondern eher weniger, weil man das immer wieder gut zusammenschieben und noch einmal mahlen kann. Bei zu viel Menge fällt auch umso mehr am Rand herunter.

Das Feuerschlagen zu demonstrieren, ist ebenfalls wichtig, bevor es in die Arbeit an den Stationen geht: Zeigen Sie nicht nur die Technik, sondern nehmen Sie den Kindern auch die Angst, dass man es plötzlich mit einem riesigen Feuer zu tun haben könnte.

Zeitbedarf: etwa 15 Minuten für das Gespräch und weitere 15 Minuten für die Demonstration von Getreidemahlen und Feuerschlagen.

Die Stationenarbeit

Zeitbedarf komplett: ca. 2 Stunden
(30 Minuten pro Station)

Station 1: Farben herstellen und verwenden

Warum haben die Steinzeitmenschen ihre beeindruckenden Tierbilder an die Felswände gemalt? Aus dem gleichen Grund wie wir auch: Malen ist nicht nur Freizeitbeschäftigung und Zeitvertreib, es war auch die einzige Möglichkeit, besondere Ereignisse festzuhalten.
Es war für die Menschen damals eine Art Bildersprache. Man kannte ja noch keine Zeitungen und Bücher, keine Kameras und Fotos.
Außerdem konnte man dabei prima vor der Sippe angeben: Seht alle her, so viele, große Tiere haben wir erlegt! Also sollten die Kinder nun auch schön groß und flächig malen.

Sie brauchen:

* Zeichenkohle
* Eiweiß
* verschiedenfarbige Erden oder Gewürze
* 2–3 kleine Mörser zum Zerstoßen und Anrühren der Farben
* Pinsel
* Malsteine oder Malpapier
* Malvorlagen
* Kamera zum Fotografieren der fertigen Malsteine
* Schwamm mit Wasser zum Abwaschen der Steine für die nächste Gruppe

Kinder der Kinderkunstschule Bochum gestalten Steinzeitlandschaften. Aus: „Jungs machen Kunst" von Andrea Reinhardt, s. Medientipps S. 118.

Station 1: Farben herstellen und verwenden

Steinzeitmalerei

So geht es:

Suche eine Erde oder ein Gewürz aus.
Fülle etwas davon in einen Mörser.
Zerreibe die Masse komplett,
bis sie ganz fein und staubig ist.
Gib etwas Eiweiß hinzu, und
verrühre alles gleichmäßig.
Zeichne mit Kohle die Umrisse eines
Steinzeittieres auf Stein oder Papier.
Male mit dem Pinsel und der Farbe
das Tier aus.

Auf Papier:

Lasse die Zeichnung trocknen.

Auf Stein:

Mache ein Foto, bevor der Stein
wieder für andere Kinder abgewischt
wird.

Tonlampe herstellen

Du brauchst:
- einen faustgroßen Klumpen Ton
- Büroklammern
- Schälchen mit Wasser
- Vorlagen für steinzeitliche Bandmuster
- Konservendose mit flüssigem Wachs
- Herdplatte
- Topflappen
- Dochte oder Baumwollfäden
- Zahnstocher oder Streichholz
- einen erwachsenen Helfer

So geht es:
- Knete den Ton so lange durch, bis du eine warme, weiche Kugel bekommst.
- Nimm die Kugel in beide Hände.
- Drücke mit den Daumen vorsichtig eine Mulde in den Ton, die immer tiefer wird.
- Vorsicht: Die Ränder sollen fingerdick bleiben. Risse kannst du mit etwas Wasser wieder zuschmieren.
- Wenn du die Lampenschale geformt hast, stelle sie auf den Tisch, und drücke den Boden ein wenig an, damit sie einen guten Stand bekommt.
- Biege eine Büroklammer auf. Verziere mit dem dünnen Draht den Rand deiner Lampe mit einem Bandmuster.
- Ritze deine Initialen (Anfangsbuchstaben) unter die Lampe.
- Drücke einen Docht in der Mitte der Lampenschale ganz leicht am Boden an.
- Stelle die Lampe ab. Lasse dir von einem Erwachsenen flüssiges Wachs einfüllen.

Tipp:
Mit einem Zahnstocher oder Streichholz kannst du verhindern, dass der Docht ins Wachs fällt. Lege den Zahnstocher quer über den Rand der Lampe, sodass sich der Docht „anlehnen“ kann. In 3 bis 4 Tagen ist deine Steinzeitlampe komplett trocken.

Beispiele für Bandmuster:

Getreide mahlen und Feuer schlagen

Du brauchst zum Getreidemahlen:

- Getreidekörner
- Mahlsteine
- Mörser
- Sieb
- Schüssel für das Mehl

So geht es:

- Schütte ganz wenig Getreide auf den Stein.
- Mahle das Getreide mit dem Mahlstein.
- Siebe das zermahlene Getreide über der Schüssel gut durch.
- Die Reste können nochmals gemahlen werden.
- Versuche das auch im Mörser: Geht das einfacher?

Du brauchst zum Feuerschlagen:

- mehrere Feuersteine
- ein Feuereisen
- Zunder
- 1–2 Schälchen für die Glut
- etwas trockenes Heu oder Holzwolle zum Anfachen der Glut

So geht es:

- Schlage zwei Feuersteine aneinander. Siehst du einen Funken?
- Rieche an den Steinen.
- Schlage mit einer Kante eines Feuersteins am Feuereisen herunter. Siehst du jetzt einen Funken?
- Wenn nichts klappt: Lasse dich von einem erwachsenen Helfer beraten.
- Wenn du einen Funken erzeugen kannst: Fange ihn auf dem Zunderstückchen ein.
- Gut pusten, damit die Glut nicht erlischt!
- Gib trockenes Heu dazu, und puste weiter.
- Brennt das Feuer? Gut gemacht!
- Lösche das Feuer, bevor du die Station wechselst.

Archäologie

Du brauchst:

- mehrere kleine Schaufeln
- ein oder zwei Küchensiebe
- abgestecktes Gebiet für die Grabung oder eine Waschschüssel mit Sand
- Klebstoff
- Zeichenpapier, Bleistifte

So geht es:

- Suche im Sand, ob du Spuren aus der Steinzeit findest.
- Lege deine Fundsachen vorsichtig frei.
- Transportiere alle Fundsachen an den Arbeitstisch.
- Setze die Teile zusammen, so gut das geht. Skelette können gesteckt werden, Scherben müsst ihr kleben
- Zeichne deine Fundsachen.

Stockbrot backen

Zeitbedarf: etwa 45 Minuten

So geht es:
Bereiten Sie für einen gemütlichen Stockbrot-Lagerfeuer-Nachmittag rechtzeitig die Feuerstelle vor. Etwa 30–40 Minuten vorher sollten Sie das Feuer anzünden, damit die Glut schön heiß ist. In der Zwischenzeit können Sie Ihre Klasse ausschwärmen und Stöcke in Armlänge suchen lassen.

Nun kann es losgehen. Die Kinder wickeln den Teig in einer dünnen Schlangenlinie um die obersten 10 cm des Stockes. Der Teig darf nicht zu dick am Stock kleben, denn sonst gart er nicht durch.

Die Kinder halten den Stock über die Flammen oder die Glut. Dabei müssen sie ein wenig Geduld haben (je nach Teigmenge 7–12 Minuten) und den Stock immer wieder drehen, damit nichts verkohlt. Wenn der Teig rundum hellbraun ist, können ihn die Kinder nach dem Abkühlen essen.

Zum Abschluss: Steinzeit-Pendelstaffel

Zeitbedarf: 10 Minuten

Kinder in der Steinzeit hatten neben ihren täglichen Pflichtaufgaben natürlich auch noch ein wenig Zeit zum Spielen. Als Spielzeug diente einfach alles, was die Natur hergab. Ein ganz einfaches Spiel ist die Steinzeit-Staffel.

So geht es:
Die Klasse tritt in zwei oder mehr Gruppen gegeneinander an. Mindestens drei Kinder müssen in jeder Gruppe sein, maximal die halbe Klasse. Zeichnen Sie zwei breite Linien in einer Entfernung von ca. 10–15 m parallel zueinander auf den Schulhof. Die Gruppen stellen sich nebeneinander an einer Linie auf. Jede Gruppe schickt nun die Hälfte ihrer Mitglieder zu der gegenüberliegenden Linie.

Die Startläufer sowie ihre Gegenüber halten in jeder Hand ein Stöckchen von 20–40 cm Länge. Der Startläufer hat quer darüber das „Transportholz" liegen, also den Staffelstab.
Mit den Stöckchen in der Hand tragen die Startläufer den Staffelstab so schnell wie möglich nach drüben und übergeben ihn, ohne die Hände von den Stöckchen zu lassen, an den nächsten Läufer.
Wenn das Transportholz herunterfällt, gibt es keine Zeitstrafe, denn bis das Holz wieder auf den Tragestöckchen liegt, vergeht auch so schon genug Zeit.
Sieger ist die Gruppe, deren Läufer alle einen Weg zurückgelegt haben.

Und danach?

Die Produkte dieses Projekttages eignen sich natürlich gut zur Präsentation beim Schulfest oder dem Tag der offenen Tür. Noch besser wäre es aber, wenn Ihre Kinder eine oder mehrere der Stationen nochmals aufbauen und vorführen würden, denn das wäre sehr viel lebendiger für das Publikum.
Die Dokumentation des Erarbeiteten kann anhand von Fotos geschehen, die Sie oder die Kinder von den entstandenen Arbeiten gemacht haben. Zudem kann die Klasse Plakate gestalten, um die Arbeitsabläufe der verschiedenen Angebote darzustellen, was Präsentation und Dokumentation gleichermaßen ermöglicht.
Diese Plakate sowie sämtliche hergestellten Produkte eignen sich dann auch wieder zur Leistungsbewertung.

Weitere Bausteine

Feuer bohren

Zeitbedarf: ab ca. 5 Minuten, bis das Erfolgserlebnis eintritt oder die Kinder aufgeben

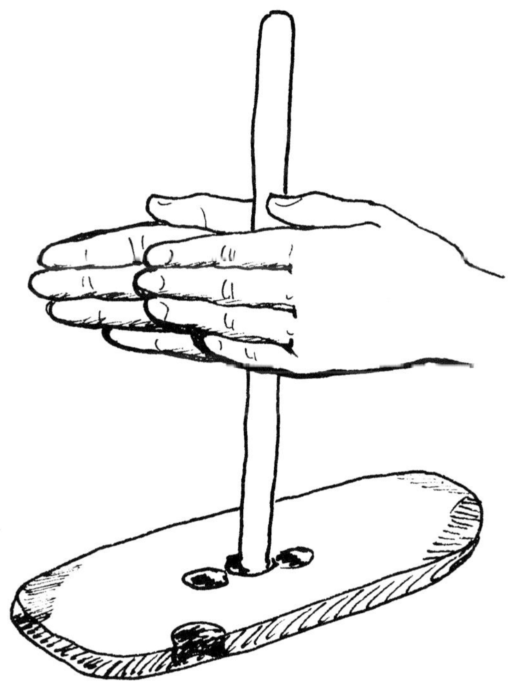

Man kann Feuer auf viele verschiedene Arten erzeugen, aber keine ist ganz einfach – vor allem nicht für uns feuerzeugverwöhnte Spät-Neuzeitler.
Außer der bereits ausgiebig vorgestellten Technik des Feuerschlagens (S. 47/48) könnte es mit Kindern auch noch klappen, Feuer zu bohren …

Sie brauchen:
* ein flaches, weiches Holzstück (z.B. Balsaholz aus dem Bastelladen)
* einen dünnen, harten und runden Holzstab
* einige Holzspäne

So geht es:
Die Kinder kratzen in die Mitte des Balsaholzes eine Vertiefung. Dort legen sie die Holzspäne hinein. Das Rundholz muss nun senkrecht auf die Vertiefung gesetzt werden und zwischen beiden Händen ganz schnell gedreht werden. Mit Ausdauer und etwas Glück entzünden sich die Holzspäne bald.

Steinzeit-Backen

Zeitbedarf: mehrere Stunden – am besten im Rahmen einer Klassenfahrt

Sie brauchen:

* einen Spaten
* mehrere dicke Steine (z.B. Basalt oder Kopfsteinpflaster)
* Brennholz
* Feuerzeug oder Feuerstein
* Fladenbrote o.Ä.

So geht es:

Um einen ganz einfachen Steinzeit-Backofen zu bauen, heben Sie mit den Kindern eine Grube von etwa 40 cm Tiefe aus. Die Grundfläche sollte etwa 40 x 60 cm groß sein.

Entzünden Sie in der Grube ein Feuer. Wenn es gut brennt, legen Sie die dicken Steine hinein. Nach ungefähr einer Stunde nehmen Sie nicht verbranntes Holz mit Stöcken aus der Feuerstelle heraus. Schieben Sie nun die heißen Steine in der Mitte dicht aneinander.

Darauf können die Kinder nun Teigfladen o.Ä. backen bzw. erhitzen.

Tipp:

Benutzen Sie keine Kalksteine, weil diese der Hitze des Feuers nicht allzu lange standhalten würden.

Variante:

Sie können auch aus feuchtem Lehm einen höhlenartigen Ofen formen. Wenn der Lehm trocken ist, zünden Sie im Inneren ein Feuer an und verschließen den Ofen.

Ist der Ofen richtig heiß, kehren Sie die Glut heraus und schieben Fladenbrote o.Ä. hinein. Ähnlich geht es auch mit einer Backhöhle, die z.B. in die Abbruchwand eines Abhangs hineingegraben werden kann.

Steinzeit-Grütze

Zubereitung: ca. 20 Minuten (ohne Einweichen)

Sie brauchen:

* Herdplatte
* Topf mit Deckel
* Rührlöffel, Esslöffel
* Schneidbrett und Küchenmesser
* 500 g geschroteten Dinkel (aus Biomarkt oder Reformhaus)
* etwas Honig
* frische Früchte oder Trockenfrüchte
* 100–200 g gehackte Hasel- oder Walnüsse

So geht es:

Weichen Sie den Dinkelschrot über Nacht in Wasser ein. Am nächsten Tag geben Sie so viel Wasser dazu, dass die Masse ganz bedeckt ist.
Kochen Sie den Dinkel, und lassen sie ihn anschließend 15 Minuten bei geschlossenem Deckel auf dem Herd ziehen. Geben Sie jetzt Nüsse und kleingeschnittene Früchte hinein. Einige Esslöffel Honig süßen die Masse.
Guten Appetit!

Steinzeit-Müsli-Kugeln

Zubereitung: ca. 20 Minuten (ohne Trocknungszeit)

Sie brauchen:

* Schüssel
* Esslöffel, Teelöffel
* mehrere Teller zum Ablegen und Trocknen der Kugeln
* 500 g Dinkelschrot
* 200 g Trockenobst, gehackt
* 200 g Haselnüsse, gehackt
* 150 g Sonnenblumenkerne
* 200 ml Wasser
* 20 Esslöffel Zitronensaft
* 8 Teelöffel Honig

So geht es:

Mischen Sie alle Zutaten gut in der Schüssel. Formen Sie die Masse zu Kugeln. Sollte die Masse zu trocken sein, geben Sie noch etwas Wasser hinzu. Die Kugeln können Sie entweder in der Sonne oder auch auf der Heizung trocknen lassen und am nächsten Tag als gesundes Steinzeit-Müsli servieren. Es müssen natürlich nicht unbedingt Kugeln sein – auch Müsli-Riegel sind möglich.

Steinzeit-Schuhe

Zeitbedarf: ca. 60 – 90 Minuten

Sie brauchen:
- Papier, Stifte, Scheren
- Lederreste (auch alte Fensterleder o.Ä.)
- Bindfaden oder Zwirnsfaden zum Nähen
- dicke Nähnadeln

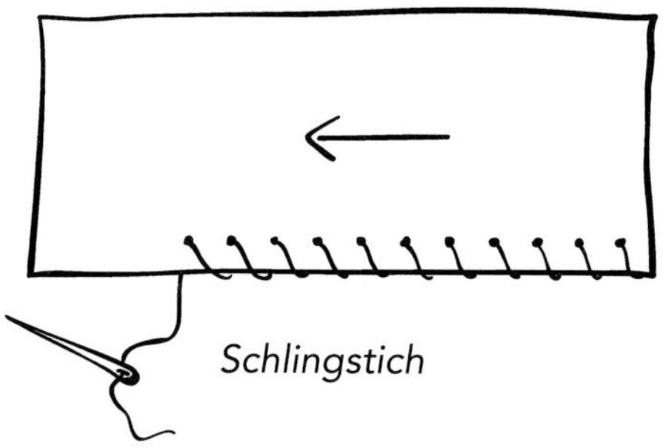

Schlingstich

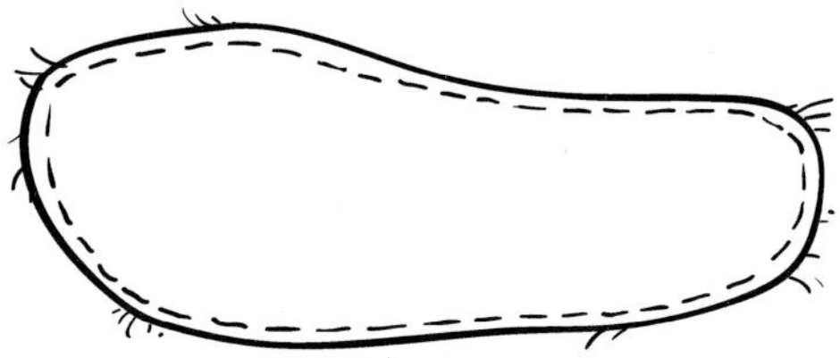

Sohle

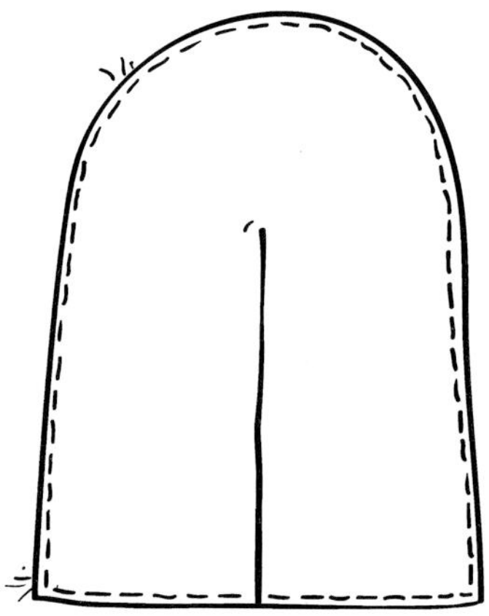

Schuh

So geht es:

Steinzeitliche Schuhe sind ganz einfach herzustellen:

1. Zuerst stellen die Kinder ihre Füße auf Papier und zeichnen die Umrisse, damit die Größe des späteren Schuhs ermittelt werden kann (an links und rechts denken!).
2. Die Kinder schneiden die Papiervorlagen aus und übertragen die Form auf das Leder. Nun schneiden sie für den linken und rechten Fuß die Ledersohle aus.
3. Genauso lang wie die Sohle muss der Schaft (das Oberteil) der Schuhe sein, das wie ein U aussieht (siehe Zeichnung).
4. Auch diese Form wird 2-mal auf Leder übertragen und ausgeschnitten.
5. Von der geraden Schmalseite des Schafts schneiden die Kinder den Schaft etwa zu zwei Dritteln über die Mitte hinaus ein.
6. Falls nötig, bohren Sie entlang des Schafts und der Sohlen Löcher zum Einnähen vor – etwa im Abstand von 1 cm.
7. Mit dem Schlingstich (siehe Zeichnung) nähen die Kinder Sohlen und Schaft aneinander. Ab geht's zu Fuß durch die Steinzeit.

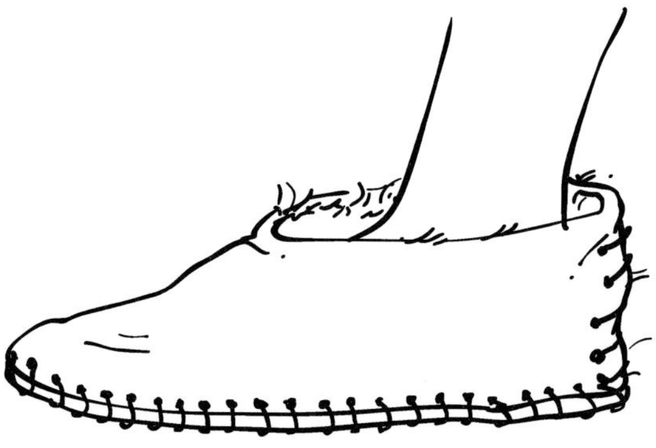

Leder-Sammelbeutel

Zeitbedarf: ca. 30 Minuten

Sie brauchen:

- ✱ Lederreste
- ✱ Bindfaden
- ✱ dicke Nähnadel
- ✱ Stoffschere

So geht es:
Schneiden Sie aus Lederresten ein kreisrundes Stück aus – am besten mit einem Durchmesser von 20–30 cm. Fädeln Sie rund um den Rand im Abstand von ca. 1 cm den Bindfaden ein. Wenn man nun an beiden Fadenenden zieht, entsteht ein Beutel. Dieser kann an den Gürtel gehängt werden zum Sammeln und Aufbewahren von Beeren, Nüssen und Schätzen natürlich. Die Steinzeitmenschen haben u.a. Feuerstein und Zunder in solchen Beuteln mit sich getragen.

Manche Quellen schlagen auch vor, für die Authentizität Knochensplitter mit Schmirgelpapier zu bearbeiten, zu einer Nadel zu formen und dann mit einem Bohrer noch das Nadelöhr zu bohren.
Da Sie aber ohnehin eine Stopfnadel als Vorlage benötigen, können Sie die auch gleich benutzen …

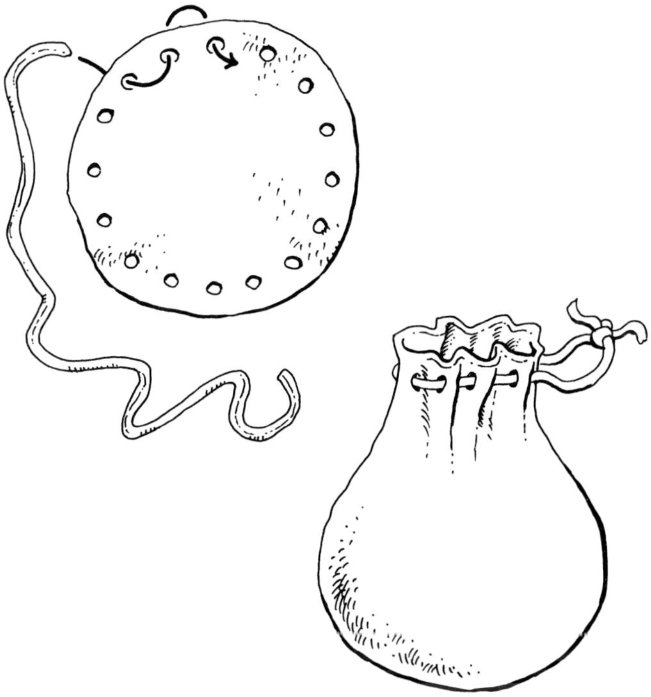

Steinzeit-Boule

Zeitbedarf: ca. 10–30 Minuten

Sie brauchen:

- ✱ 3 etwa faustgroße Steine pro Kind, am besten bereits farblich markiert
- ✱ einen kleinen Zielstein

Aus Frankreich stammt das überaus beliebte Präzisionsspiel Pétanque (bei uns meist allgemein Boule genannt – Pétanque ist eine Variante davon). Das Schöne an diesem Spiel ist, dass es mit einfachsten Mitteln auf nahezu jedem Gelände gespielt werden kann. Wahrscheinlich kannten Steinzeitmenschen auch schon Vorläufer dieses Spiels – denn mehr als ein paar Steine braucht man dafür nicht.

So geht es:
In Kleingruppen finden sich maximal sechs Kinder zusammen. Jeder hat drei Steine. Der Zielstein wird etwa 4 bis 8 m entfernt von der Gruppe auf das Spielfeld geworfen. Reihum versuchen die Kinder mit ihren eigenen Steinen, dem Zielstein möglichst nahe zu kommen. Wer zum Schluss seinen Stein am nächsten zum Zielstein liegen hat, hat gewonnen und darf den Zielstein für das neue Spiel werfen.

Steinzeitlicher Wohnungsbau

Zeitbedarf: mehrere Stunden
(z.B. im Rahmen einer Klassenfahrt)

Sie brauchen:
* geeignetes Gelände
* Äste, dünne Baumstämme etc.
* Felle, Decken, Lederreste
* Steine
* Kordeln, Schnüre, Fäden etc.
* Messer
* Heu oder Laub zum Polstern

Winterlager von noch nicht sesshaften Steinzeitmenschen befanden sich häufig in Höhlen, Erdgruben oder unter Felsüberhängen, da dort am besten Schutz vor dem Winterwetter gesucht werden konnte. Die Sommerlager waren luftiger gebaut, sie bestanden oft nur aus Zelten, die aus Ästen und Tierhäuten bestanden.

Versuchen Sie, mit den Kindern solche Wohnformen draußen nachzubauen. Auf Grund verschiedener Material- und Geländevoraussetzungen macht hier eine Schritt-für-Schritt-Anleitung wenig Sinn. Werden Sie einfach kreativ. Nutzen Sie vorhandene Gegebenheiten, wie Hügel, Bäume, Vertiefungen etc., um eine möglichst authentische Steinzeit-Behausung zu schaffen.

Die Steinzeitmenschen kümmerten sich übrigens wenig darum, wie sie ein Areal hinterließen, wenn sie weiterzogen. Bei uns heute ist das natürlich anders. Also achten Sie zusammen mit Ihrer Klasse darauf, dass die Landschaft keinen Schaden nimmt: Das Messer ist zum Abschneiden von Schnur und zum Zurechtschneiden von Ästen. Aber bitte schneiden Sie kein lebendes Holz ab, und beschädigen Sie beim Höhlenbau keine Pflanzen.

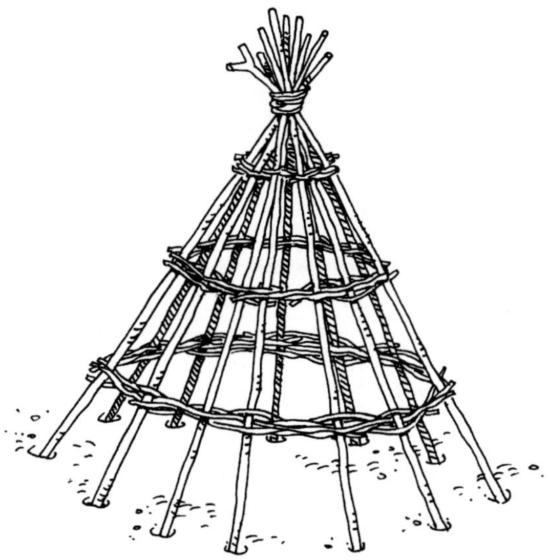

So ähnlich könnten Steinzeitbehausungen ausgesehen haben.

Weitere Steinzeit-Ideen

Steinzeitpinsel:
Sollten Sie Ihr Steinzeitprojekt mit „echt steinzeitlichen" Pinseln durchführen wollen, befestigen Sie gebündelte Tierhaare (z.B. Fellreste) mit einem dünnen, stabilen Faden an einem glatten Holzstäbchen oder Ästchen. Schneiden Sie zum Schluss das Bündel vorne glatt zu.

Nachrichten schreiben:
Lassen Sie die Kinder bildliche Schriftzeichen erfinden, mit denen dann kleine Texte und geheime Botschaften übermittelt werden können.

Steinzeit-Landart:
Die Kinder legen aus Steinen, Laub, Ästen etc. kunstvolle Arrangements auf den Boden. Fotografieren vor dem nächsten Regen oder Sturm nicht vergessen!

Beute nach Hause bringen:
Die ganze Klasse war auf Bärenjagd. Nun liegt das schwere Tier (in Form eines Kartoffelsacks o.Ä.) auf dem Boden und muss über eine festgelegte Strecke zurück ins Lager gebracht werden. Welche Kleingruppe hat die besten Transportideen (z.B. auf einer Decke schleifen, auf Ästen tragen etc.) und ist am schnellsten?

Steinzeit-Umhang:
Die Kinder nähen ein großes Stück Stoff (ein Mammutfell) an der schmalen Seite so zusammen, dass der Kopf hindurchpasst. Für die Aussparungen der Arme kann der Stoff an den entsprechenden Stellen seitlich zugebunden werden.

Steinzeit-Weben:
Aus vier geraden Stöckchen kann ein ganz einfacher Webrahmen hergestellt werden. Dazu verbinden die Kinder in Partnerarbeit die Stöckchen an den Enden mit Kordeln. Nun können straffe Schnüre als Kettfäden darin eingespannt werden.
Mehr zu Grundlagen des Webens finden Sie in „Mit Kette und Schuss – Einfaches Weben und Knüpfen Schritt für Schritt." (s. Medientipps S. 118)

Modul C:
Römer

Zur Sache

Der Legende nach entstand die Stadt Rom um **753 v. Chr.** auf sieben Hügeln am Tiber. Die Brüder **Romulus und Remus** sollen sie gegründet haben. Beide waren als Säuglinge von der Mutter am Fluss ausgesetzt und angeblich von einer Wölfin gesäugt und später von einem Schäferpaar aufgezogen worden. Im Streit um die Herrschaft ermordete Romulus seinen Bruder, sodass die Stadt den Namen des Siegers bekam.
Zunächst wurde Rom von **Königen** beherrscht, später war es **Republik**, danach **Kaisertum**. Unter Kaiser Trajan hatte das Reich 116 n. Chr. seine größte Ausdehnung und reichte **von Gallien über Teile Britanniens bis zum Schwarzen Meer** – und um den gesamten **Mittelmeerraum** ohnehin.

Die antike Bezeichnung für den Staat, die als Hoheitszeichen an vielen Stellen zu finden war, lautete **S.P.Q.R.** (Senatus Populusque Romanus: Senat und Volk von Rom). Das Römische Reich bestand etwa zwischen dem **8. Jahrhundert v. Chr.** und dem **5. Jahrhundert n. Chr.**

In Germanien unterlagen die Römer im Jahr 9 n. Chr. den Germanen. Zum Schutz vor den wilden Horden bauten sie quer durch die Lande einen Schutzwall, den Limes. Er sicherte die Grenzen des Reiches lange Zeit, doch spätestens im Jahr **395 n. Chr.**, als nach Kaiser Theodosius' Tod das Reich in eine Ost- und eine Westhälfte geteilt wurde, **begann der Zerfall.**
410 wurde die Stadt Rom von den Westgoten erobert, 456 fielen die Vandalen ein. Das Westreich wurde mittlerweile ganz von den Germanen beherrscht.
Im Jahr 476 schließlich setzte **Gotenkönig Odoaker** den letzten römischen Kaiser ab.

Die **römische Kultur und Lebensqualität** entwickelte sich zwischenzeitlich auf ein sehr hohes Niveau, das in Nordeuropa und Afrika nach Ende des Römerreiches erst Jahrhunderte später wieder erreicht werden sollte.
Die Amtssprache des gesamten Römerreiches war **Latein.**

Unzählige Ruinen römischer Bauwerke sind bis heute erhalten. Hier die Maxentiusbasilika in Rom.

Die Absicht

Heute gibt es auch in Deutschland noch unzählige **Relikte aus der Römerzeit** zu sehen:
Vor allem in Süd- und Westdeutschland (südlich des Limes) werden immer wieder neue **römische Villen** freigelegt, in allen Museen finden sich römische Fundstücke, und nicht zuletzt der **Weinbau** geht in Deutschland auf die Römer zurück.
Zahlreiche römische Erfindungen (wie Wasserleitungen und Kanalisation) revolutionierten den Alltag für uns damals „wilde" Germanen. **Römische Zahlen** begegnen den Kindern zudem bei vielen Gelegenheiten.

Das **politische System** Roms wird Grundschüler zwar noch nicht übermäßig interessieren, und auch **Sklavenhaltung** und andere negativ zu bewertende Aspekte kommen eher in höheren Klassen zum Tragen. Doch schon der Einblick in den **Alltag dieser Hochkultur** ist spannend und gehört zu den geschichtlichen Lernzielen der Lehrpläne.
Mit diesem Römer-Projekttag soll mit Themen aus dem relativ alltäglichen römischen Leben auch eine Basis für kritischeres Hinterfragen der Römerzeit im Geschichtsunterricht der folgenden Schuljahre bereitet werden.

Der Projekttag „Römer"

Mit Schulklassen, die einen Projekttag zum Thema Römer erleben möchten, kann ich in meiner Schule im Grünen leider nicht an so vielen Stationen arbeiten wie nachfolgend beschrieben. Das hat einfach organisatorische Gründe, denn ich habe niemals so viele Helfer. Planen Sie den Umfang Ihres Römer-Projekttages einfach anhand Ihrer persönlichen und materiellen Ressourcen.

Besprechen Sie zunächst mit Ihrer Klasse grob die **zeitliche und geschichtliche Einordnung** des Römischen Reiches. In dem Zusammenhang helfen die berühmten **Asterix-Hefte** tatsächlich weiter. Inhalt dieses kurzen Abrisses sollten die sukzessive Eroberung Europas, berühmte Bauwerke, römische Errungenschaften und Nachlässe sein.
Danach kommen Sie schnell zur **Stationenarbeit**, damit Sie flott in die Praxis starten können, auf die schließlich alle warten.
An der ersten Station wird es um **römische Kleidung und Kosmetik** gehen.
An der zweiten Station kann gespielt und gerechnet werden, so wie es die Römer und ihre Kinder taten.
Ingenieursarbeit ist beim **Bau von Aquädukten** an der dritten Station gefragt.
Künstler und Handwerker gleichermaßen kommen zum Zuge, wenn an der vierten Station Mosaike hergestellt werden.
Die fünfte Station bereitet das Essen vor, denn zum Abschluss des Projekttages soll ein gemeinsames **Mittagsmahl im Liegen** eingenommen werden – spätrömische Dekadenz halt …

Für die kurze Einführung und das Vorstellen der fünf Arbeitsstationen benötigen Sie insgesamt nicht mehr als eine halbe Stunde Zeit. Da jede Station so ausgelegt ist, dass sie gut eine Schulstunde lang dauert, sollten Sie damit rechnen, **bis in den Nachmittag hinein** mit ihrem Projekttag beschäftigt zu sein. Da es aber auch ein gemeinsames Essen zum Abschluss gibt, ist für Verpflegung gesorgt.

Wenn Ihnen das zu lang ist oder äußere Zwänge, wie Schulglocken oder Schulbusse, das Ende des Römertages erfordern, lassen Sie einfach die Station „Römisches Essen" weg, sodass Sie hier nicht nur 45 Minuten, sondern auch noch die Zeit für die gemeinsame Mahlzeit sparen. Aber kochen und essen Sie dann unbedingt an einem anderen Tag mit Ihren kleinen Römern.

Ablaufplan für den Projekttag „Römer"

Was wird gemacht?	Ort/Form/Zeit	Material
Einführung: Rom: Wann war das? Was wissen wir über Rom und Römer?	Plenum *20 Minuten*	
Stationenarbeit besprechen	Plenum *10 Minuten*	
Stationenarbeit	*jeweils 45 Minuten* (ca. 5 Schulstunden)	
Station 1: Römische Kleidung und Kosmetik	**1.** an der Station	**zu 1:** ein Bettlaken oder eine Tischdecke pro Kind, bunte Bänder oder Gürtel, ggf. Sandalen, 2–3 Sicherheitsnadeln pro Kind, Theaterschminke oder Aquarellstifte, Schälchen mit Wasser, Spiegel, Anleitung für die römische Toga und die Kosmetik (S. 74)
Station 2: Rechnen und Spielen wie die Römer	**2.** an der Station	**zu 2:** Klassensatz Kopiervorlagen: „Römische Zahlen" (S. 75) und „Das große Wagenrennen" (S. 76), 2 Würfel, 12–24 Spielsteine in 2–4 verschiedenen Farben
Station 3: Aquädukte bauen	**3.** an der Station	**zu 3:** 2–3 Tüten Trinkhalme, diverse Bauklötze und/oder kleine Pappschachteln, eine Spritze ohne Nadel, Wasser in einer Kanne, Schale, Schere, Abdeckung für den Arbeitstisch
Station 4: Römische Mosaike	**4.** Werkraum	**zu 4:** Eimer zum Anrühren, Spachtel oder Maurerkelle, Klebemörtel oder Fliesenkleber, Wasser, Rührgerät (z.B. Akkubohrer mit Quirl), Klassensatz Formen (Plastikteller, Deckel von Käseschachteln o.Ä.), größere Menge Mosaiksteine und/oder Fliesenreste, Abdeckung für Arbeitstische

Station 5: Römisches Essen vorbereiten	**5.** Küche	**zu 5:** Kopiervorlagen (evtl. laminiert): „Römische Brötchen" (S. 79), „Römische Eierspeise" (S. 79), „Römischer Obstsalat" (S. 80); Backofen und Herd, Blech, Backpapier, Topflappen, 2 Rührschüsseln, Salatschüssel, Salatbesteck, mehrere Schneidbretter, mehrere Obstmesserchen, Messer **pro Portion Brötchen:** 500 g Mehl, 250 g Quark, 50 g Butter 2 Päckchen Backpulver, 6 Esslöffel Traubensaft, etwas Salz und Anis, Sieb, Rührlöffel oder Schneebesen, kleiner Topf **pro Portion Eierspeise:** 5 Eier, 500 ml Milch, 1 Esslöffel Honig, Pfeffer oder Muskat **pro Portion Obstsalat:** 2 Äpfel, 2 Bananen, weitere Obstsorten, Orangensaft
Römisches Essen	Klassenraum *etwa 45 Minuten*	Klassensatz Teller, Schälchen, Gabel oder Löffel, einige Iso- oder Gymnastikmatten, einige Stühle und Tische, vorbereitetes Essen, 2–3 Tischdecken, evtl. niedrigen Tisch, evtl. Ausdruck: „Liegeordnung bei Tisch" (S. 81)
Zeitbedarf komplett	***mindestens 5 Zeitstunden***	

Die Planung des Projekttages

Sie brauchen für den Projekttag „Römer" natürlich Ihren **Klassenraum**. Zudem wäre es gut, wenn Sie den **Werkraum** (oder einige **Arbeitstische** auf dem Schulhof) benutzen könnten und die **Küche** der Schule oder eine entsprechende Kochausstattung zur Verfügung hätten.
Notfalls kommen Sie aber auch mit dem Klassenraum allein aus, wenn Sie dort eine (mobile) Herdplatte und ein Waschbecken haben.

„Buchen" Sie für den **Römer-Tag** mindestens **vier bis fünf Helfer**, die später die Arbeit an den Stationen betreuen, denn der Römer-Tag besteht im Prinzip komplett aus einer Stationenarbeit.

Jedes Kind sollte für den Römer-Tag ein **altes Bettlaken** oder eine einfarbige **Tischdecke** mitbringen, um sich daraus eine Toga herzustellen. Bunte **Bänder** und **Gürtel**, **Sandalen** etc. können ebenfalls nicht schaden. **Aquarellstifte** statt teurer Theaterschminke bekommen Sie in jedem Bastelgeschäft. Sie lassen sich auch einfacher abwaschen als echte Schminke, sind gesundheitlich völlig unbedenklich und halten ewig.

Wenn es um die **Mosaike** geht: Bloß keine Angst, es sieht alles viel aufwändiger und schwieriger aus, als es ist. Nehmen Sie alles, was irgendwie verspricht, die **Mörtelmasse** in Form zu bringen: Runde, dünne Plastikteller funktionieren genauso wie Deckel von Käseschachteln oder Alu-Grillschalen. Profis kleben ihre Mosaiksteinchen gleich an einen Blumentopf (was wegen der Rundung nicht ganz einfach ist). Manchmal bieten sich Orte auf dem Schulhof an, die **mit Mosaiken dauerhaft schön verziert** werden können.

Wenn Sie den Einkauf der Mosaiksteine scheuen, fragen Sie in Ihrer Klasse, wer gerade **Fliesenreste** zu Hause hat. Ich habe das einmal getan und musste noch wochenlang Reste entsorgen, so viele verschiedene (auch bunte) Kacheln wurden da geliefert.

Zertrümmern Sie die Fliesen mit einem **Gummihammer** in einem Beutel zu kleinen Stückchen. Ansonsten bekommen Sie die Mosaiksteine am billigsten über den **Versandhandel von Bastel-Materialien.**
Klebemörtel gibt es in 5-Kilo-Säcken, davon sollten Sie zur Sicherheit zwei besorgen. **Fliesenkleber** gibt es auch in kleineren Beuteln, aber der ist deutlich teurer. Möglicherweise haben aber auch noch Eltern Reste im Keller, die sie nur zu gern abgeben.

Was kann schiefgehen?
Es kann passieren, dass der Mörtel partout nicht die richtige Konsistenz bekommt. Nur Geduld, das wird schon: Gut rühren, nur sparsam Wasser dazugeben, es hat noch immer funktioniert. Halten Sie zur Sicherheit noch einige Bettlaken parat, falls einige Kinder keine mitbringen können. Wenn nämlich aus diesem Grund einzelne Kinder ohne Toga herumliefen, wäre das doch sehr schade.
Beim Bau der Aquädukte kann es immer mal wieder vorkommen, dass Wasser danebenfließt oder die Leitung irgendwo reißt. Aber ein Handtuch in Reichweite genügt.

Die Umsetzung: „Römer" konkret

Der Einstieg

Rom – wann war das eigentlich?
Was wissen wir über das Römische Reich und die Römer?

Ein kurzes, einführendes Gespräch genügt eigentlich. Vielleicht haben Sie das Thema schon an anderen Unterrichtstagen behandelt, bevor es mit dieser Stationsarbeit seinen Höhepunkt erreicht. Kommen Sie aus einer **Stadt mit großer römischer Geschichte**? Gibt es vielleicht erhaltene **römische Bauwerke** oder römische **Museen**, die Sie besuchen können?
Die **Kulturgeschichte der eigenen Region** wäre natürlich ein fantastischer Aufhänger vor einem solchen Projekttag.
Legen Sie aber möglichst schnell mit der praktischen Arbeit los – dabei entwickeln sich die meisten Fragen und Interessen.

Die Stationenarbeit

Station 1: Römische Kleidung und Kosmetik

Kleider machen Leute – heute wie damals. Die Römer legten so viel Wert auf ihre Kleidung wie die Menschen Jahrhunderte später nicht mehr.
Die **Toga** durfte nur von **Menschen mit römischen Bürgerrechten** getragen werden, wobei unterschiedliche farbige Streifen auch noch genauer den Stand in der Gesellschaft angeben konnten – vergleichbar mit den Farben kirchlicher Würdenträger heute.
Eine Toga können Ihre Kinder ganz leicht aus einem alten Bettlaken oder einer einfarbigen Tischdecke herstellen. Sie ist allerdings nicht sonderlich praktisch, will man etwa einem Handwerk nachgehen. Daher trugen die meisten Menschen eine **Tunika aus Leinen oder feiner Wolle** – ein einfaches, in T-Form zugeschnittenes Hemd. Für Kinder reicht es, wenn Sie zwei Rechtecke aneinandernähen und für Hals und Arme Aussparungen machen.

Männer trugen ihre Tunika in der Regel mit Gürtel und auf Knielänge, während die Frauen ihre Tuniken bodenlang bevorzugten. In den Ländereien des Nordens zog man wegen der Kälte oft noch eine dickere, wollene Tunika darüber.
Hosen setzten sich übrigens erst nach und nach durch: Sie waren für stolze Römer ein Unding, da sie von den barbarischen Völkern im Norden getragen wurden. Aber nachdem man dort eingefallen war, merkte man doch irgendwann, dass eine Hose im deutlich kälteren Klima der nördlichen Provinzen praktisch war.
Ansonsten warf man sich bei Kälte ein dickes Wolltuch, eine Palla, über die Schultern und zog sie wie eine Kapuze auf den Kopf.

Während unseres Projekttages sind natürlich **alle Kinder edle Römer mit Bürgerrechten**.
Das Einwickeln in eine Toga ist schon spannender als einfach nur bei einem langen T-Shirt von Papa oder Mama die Ärmel abzuschneiden.
Auch die römischen Frauen waren bestrebt, ihre Attraktivität durch **Schminken** zu steigern. Teilweise herrschte hierbei ein recht **farbenfroher Geschmack**: Das ganze Gesicht wurde weiß grundiert, danach die Augenbrauen schwarz, Wangen und Lippen rot gefärbt.

Die römische Toga geht so:

Die Kinder brauchen:
* ein langes Stück Stoff (mindestens 2 m): ein Bettlaken oder eine Tischdecke
* 2–3 Sicherheitsnadeln

Die Kinder legen das Tuch in der Mitte über beide Schultern. Über der linken Schulter lassen sie das Tuch hängen, von der rechten Schulter lassen sie es herunterrutschen. Das heruntergerutschte Stück führen die Kinder nun von rechts über der Brust bis über die linke Schulter.

Das Ende hängt nach hinten über. Wenn kein Ende da ist, das lang genug ist, sollten Sie die Toga mit ein paar Sicherheitsnadeln fixieren.

Nun kann das Römer-Spielen losgehen. Natürlich anmutig und edel verhalten – denn nur ehrbare Bürger durften eine Toga tragen.

Die römische Kosmetik geht so:

Die Mädchen brauchen:
* einen Spiegel
* ein paar Kosmetiktücher
* Theaterschminke oder Karnevalsschminke in Weiß
* rote Lippenstifte, dunkle Augenbrauenstifte
* Aquarellstifte und ein Schälchen mit Wasser dazu

Das ganze Gesicht wird dünn weiß angemalt. Dann ziehen die Mädchen die Augenbrauen schwarz nach. Lippen und Wangen werden rot gefärbt.

Zusammen mit der Toga sind die Mädchen nun richtig edle Römerinnen des gehobenen Bürgertums.

Idealbild einer römischen Bürgerin

Station 2: Rechnen und Spielen wie die Römer

Römische Zahlen

Die Römer benutzten für den Einer und den Fünfer immer ein neues Zahlzeichen.
Sie schrieben höchstens drei gleiche Ziffern nebeneinander.
Eine 4 wird also wie „1 weniger als 5“ oder „1 vor 5“ geschrieben: IV
Eine 9 wird wie „1 weniger als 10“ oder „1 vor 10“ geschrieben: IX

Hier siehst du eine Umrechnungs-Tabelle mit wichtigen Zahlen:

1	2	3	4	**5**	6	7	8	9	**10**
I	II	III	IV	**V**	VI	VII	VIII	IX	**X**

20	**50**	**100**	150	200	400	**500**	750	900	**1000**
XX	**L**	**C**	CL	CC	CD	**D**	DCCL	CM	**M**

1. Finde nun heraus, welche Zahlen sich hinter diesen römischen Zeichen verbergen:

XII	XVIII	XXIX	XL	LXI	LXXII	XCI	CCXV	DVIII	CMXLI

2. Und umgekehrt …

18	55	79	123	240	461	728	845	999

3. Rechne mit römischen Zahlen. Schreibe das Ergebnis als römische Zahl und Dezimalzahl. Beispiel: IV + III = VII = 7

III + V = ____________ = ____________

VI + IV = ____________ = ____________

XX + XX = ____________ = ____________

XVI + IX = ____________ = ____________

D + CD = ____________ = ____________

CCX + CL = ____________ = ____________

M – LXX = ____________ = ____________

D – I = ____________ = ____________

Das große Wagenrennen

Römisches Würfelspiel für 2–4 Spieler

Ihr braucht:

- pro Spieler 6 Spielsteine in der gleichen Farbe
- 2 Würfel

Spielverlauf:

- Alle Spieler stellen ihre 6 Steine (Streitwagen) auf bzw. neben das Startfeld.
- Der jüngste Spieler beginnt. Dann geht es weiter im Uhrzeigersinn.
- Wer am Zug ist, würfelt mit beiden Würfeln und rückt entweder …
  - **einen** Wagen um die gewürfelte **Augensumme** vor oder
  - **2** Wagen um die gewürfelten **Einzelwerte** vor.
- Ein Wagen, der **alleine auf einem Feld** steht, darf von einem anderen Spieler **herausgeworfen werden**. Er kommt wieder neben das Spielfeld.
- Jeder Spieler darf ein Feld auch mit **mehreren seiner Wagen** besetzen. Andere Spieler dürfen dieses Feld dann nicht besetzen.
- Bei einem Pasch darf ein **2. Mal gewürfelt** und gezogen werden.

Ziel des Spiels:

Der erste Spieler, der mit allen 6 Wagen das gesamte Spielfeld überquert hat, also im Zielbereich angekommen ist, hat gewonnen.

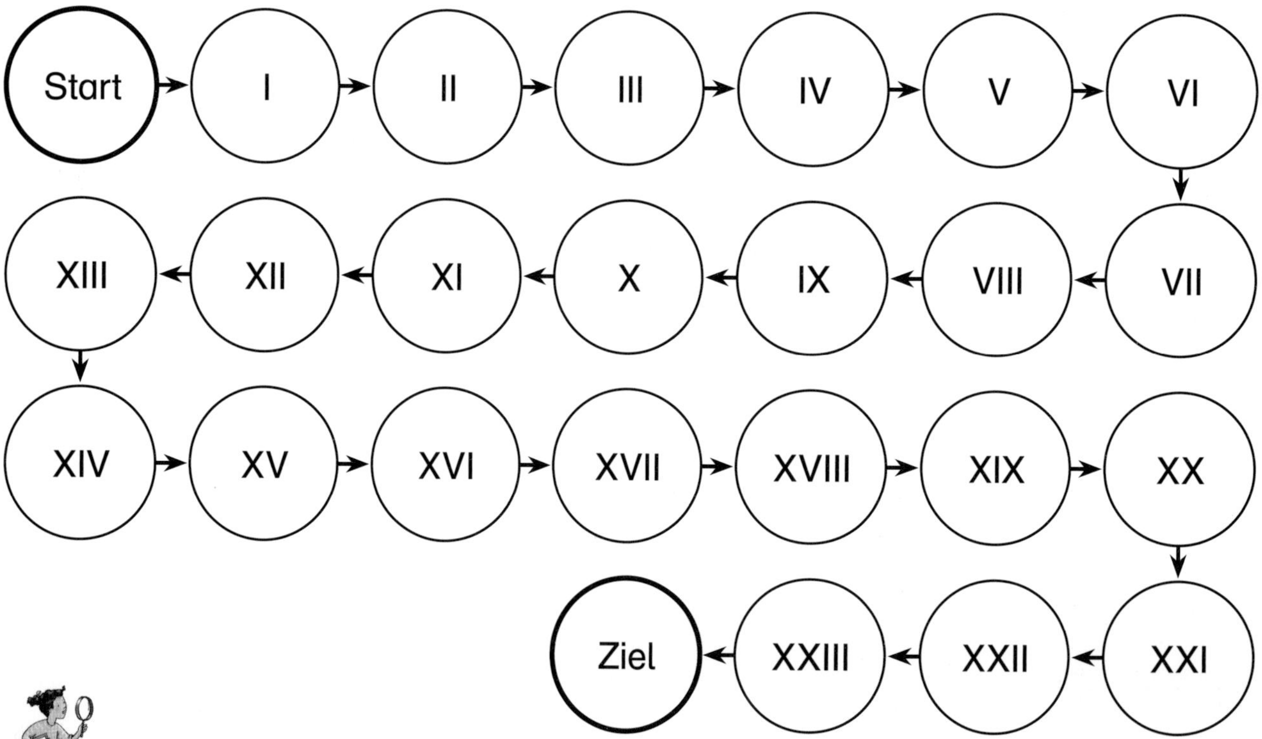

Station 3: Aquädukte bauen

Als Rom noch ein Dorf war, reichten Zisternen und Brunnen aus, um alle Menschen mit Wasser zu versorgen. Als die Stadt stärker wuchs, musste man Wasser von außerhalb beschaffen. Dazu bauten die Römer Wasserleitungen, die so genannten Aquädukte. Durch diese steinernen Kanäle mit leichtem Gefälle floss Quellwasser aus den Bergen bis in die Stadt. War dabei ein Tal zu überwinden, wurden Brücken für die Leitung gebaut. Die Brücke „Pont du Gard" in Südfrankreich zeigt heute noch sehr eindrucksvoll, wie aufwändig die Römer ihre Wasserleitungen bauten – und wie haltbar diese waren.

Sie brauchen:

- Trinkhalme
- Scheren
- kleine Pappschachteln
- Bauklötze
- eine abwaschbare Tischdecke
- eine Spritze ohne Nadel
- etwas Wasser in einer Kanne
- eine Schale

So geht es:

Zuerst überlegen sich die Kinder, wie das Aquädukt aussehen soll. Aus welchem Berg entspringt die Quelle? Dazu kann z.B. ein zusammengeknülltes Handtuch dienen. In einiger Entfernung können Häuser aus Bauklötzen oder kleinen Pappschachteln entstehen: Das ist Rom.

Die Kinder überlegen weiter, wie sie ein Gefälle erzeugt bekommen, damit das Wasser bis in die Stadt fließt. Die Wasserleitungen entstehen aus Trinkhalmen. Wenn diese 3- bis 4-mal längs ein Stückchen mit der Schere eingeschnitten werden, lassen sie sich ganz leicht in den nächsten Halm schieben.

Am Ende der Leitung sollte zwischen den Häusern eine Schale zum Auffangen des Wassers stehen. Am besten ziehen die Kinder das Wasser mit einer Spritze auf und geben es an der Quelle in die Wasserleitung. Kommt es bei den Häusern an? Wer baut das Aquädukt mit den geringsten Wasserverlusten unterwegs?

Station 4: Römische Mosaike

Sie brauchen:
* Abdeckung für Arbeitstische
* Klebemörtel oder Fliesenkleber
* Spachtel oder Maurerkelle
* Eimer zum Anrühren
* Wasser
* Akkubohrer mit Rührquirl oder starken Arm mit Kochlöffel
* Einmal-Plastikteller, Deckel von Schuhkartons, Deckel von Käseschachteln o.Ä. als Basis-Formen für Mosaike
* Mosaiksteine und/oder Fliesenreste, Schmucksteine, Muscheln etc.
* ggf. Fugenmasse
* ggf. Schwämme

So geht es:
Rühren Sie eine erste Menge Mörtel mit Wasser an, sodass der Mörtel ein sämiger Brei wird. Achten Sie darauf, dass er nicht zu fest ist, weil er dann zu schnell trocknet. Beachten Sie einfach die Anweisung auf der Packung.
Füllen Sie mit der Kelle oder dem Spachtel jedem Kind Mörtel in seine Form, und streichen Sie sie schön glatt, sodass die Form auch gut ausgefüllt ist.

Die Kinder dürfen nun Mosaike legen: Muster, Bilder, buntes Durcheinander. Wichtig: Die Steinchen sollten schön dicht beieinander liegen, sich aber nicht berühren. Achten Sie darauf, dass die Mosaiksteine tief genug angedrückt werden, damit sie halten, aber nicht so tief, dass sich ein Mörtel-Berg um sie herum bildet.
Wenn die Kunstwerke fertig sind, stellen Sie sie zum Trocknen weg. Eventuell können Sie sie an einem der nächsten Tage noch mit Fugenmasse verfugen und mit feuchten Schwämmen sauber abwaschen.

So einfach und doch so schön …

Station 5: Römisches Essen vorbereiten

Da an dieser Station das Essen lediglich vorbereitet wird, um es zum Abschluss gemeinsam zu verspeisen, bietet es sich an, nicht alle Gruppen die gleichen Dinge zubereiten zu lassen. Es gibt natürlich auch recht material- und zeitintensive römische Rezepte, auf die ich aber hier verzichte.
Die nachfolgenden Speisen sind ganz leicht herzustellen.

Stillleben mit gläserner Obstschale und Vasen, Pompeji um 70 n.Chr.

Römische Brötchen

Ihr braucht:
- Backofen, Blech mit Backpapier
- Topflappen
- Rührschüssel
- Messer
- 500 g Mehl
- 250 g Quark
- 50 g Butter
- 2 Päckchen Backpulver
- 6 Esslöffel Traubensaft
- etwas Salz und Anis

Knetet alle Zutaten zu einem Teig zusammen. Formt 10 bis 12 Brötchen aus dem Teig, und legt sie auf das Blech. Ritzt die Brötchen mit einem Messer oben leicht ein.

Backzeit: etwa 20 Minuten bei 180–200 Grad

Guten Appetit!

Römische Eierspeise

Ihr braucht:
- Rührschüssel
- Sieb
- Rührlöffel oder Schneebesen
- kleinen Topf
- Herdplatte
- 500 ml Milch
- 5 Eier
- einen Esslöffel Honig
- Pfeffer und Muskat

Rührt Milch, Eier und Honig zusammen.
Drückt die Masse durch ein Sieb in den Topf („passieren").
Bringt die Masse vorsichtig auf niedriger Stufe zum Kochen.
Wenn die Masse steif geworden ist, nehmt sie aus dem Topf, und würzt sie mit ein wenig Pfeffer und Muskat.

Guten Appetit!

Römischer Obstsalat

Ihr braucht:

- Schüssel
- Salatbesteck oder großen Löffel
- Schneidbretter
- Messer
- Äpfel, Bananen, Trauben
- weiteres Obst, z.B. Erdbeeren, Orangen, Pfirsiche
- einige Löffel Orangensaft als „Salatsoße“

Wascht das Obst gut, und lasst es abtropfen.
Schneidet das Obst in kleine Stückchen, und gebt es in die Schüssel.
Gebt einige Löffel Orangensaft als „Salatsoße“ darüber.
Mischt alles gut durch.

Guten Appetit!

Zum Abschluss

Nicht alle Kinder werden zufrieden sein, dass es zur römischen Mahlzeit „nur" Brötchen, eine Eierspeise, und Obstsalat (ihh, gesund!) gibt. Erzählen Sie Ihren Kindern ruhig davon, was die reichen Römer früher so alles gegessen haben: Da konnte es nämlich durchaus auch mal Pfaueneier, Saueuter, mit lebenden Vögeln gefülltes Wildschwein, mit Rosinen gefüllte Drosseln, Austern, Muscheln oder Weinbergschnecken gegeben haben.
Und wer da nicht mitaß, war seinem Gastgeber gegenüber ziemlich unhöflich …
Spätestens jetzt werden sich die meisten Kinder freuen, dass der Aufwand zu einem prachtvollen römischen Mahl einfach zu groß gewesen wäre.

Stellen Sie jetzt dennoch ein römisches Mahl nach. Vermutlich werden Sie zwei oder gar drei Gruppen dazu bilden müssen, sonst liegen zu viele Kinder um einen Tisch herum.

Zeitbedarf: ca. 60 Minuten

Sie brauchen:
* niedrigen Tisch, mehrere umgedrehte Kisten mit Tischdecke oder eine Decke auf dem Boden, die den Tisch ersetzt
* einige Isomatten, Gymnastikmatten
* einige Stühle, einige Tische
* vorbereitetes Essen aus der Stationenarbeit
* Teller und Besteck für alle

Liegeordnung bei Tisch (Alltag):
Hausherr: im Liegen, Kopf zum Tisch hin
Ehefrau: sitzend am Fußende des Lagers ihres Mannes oder auf einem Stuhl daneben
Kinder und Sklaven: an separaten Tischen, auf Stühlen

Liegeordnung bei Tisch (mit Gästen):
Ehrengast (E): im Liegen, bester Platz
Gastgeber/Hausherr (H): neben dem Ehrengast
Familie des Gastgebers (F): mit auf dem Sofa des Hausherrn
ranghöchste Gäste (R): mit auf dem Sofa des Ehrengastes
weitere Gäste (W): drittes Sofa

Serviert wird natürlich zuerst dem Ehrengast, dann denen, die ebenfalls wichtig sind und mit ihm auf dem Sofa liegen. Danach kommen die anderen Gäste an die Reihe, anschließend die Familie und zum Schluss der Gastgeber selbst.

Und danach?

Präsentation, Dokumentation und Leistungsbewertung sind auch bei einem Römer-Tag überhaupt kein Problem: Sie können auch hier die Ergebnisse des Tages bei einem **Tag der offenen Tür** ausstellen und die Kinder alles vorführen lassen, was sie erarbeitet haben.
Zur **Dokumentation** sollten Sie unbedingt an einen Fotoapparat denken.
Weiterhin kann Ihre Klasse im Nachgang zum Projekttag so einiges dokumentieren – etwa, wie man eine Toga richtig anlegt oder ein Aquädukt baut – inklusive technischer Zeichnung.
Zur **Leistungsbewertung** können dann natürlich auch wieder **alle hergestellten Objekte** (Mosaike, Aquädukte) ebenso herangezogen werden wie die römischen Rechenblätter oder das Zubereiten des Essens im hauswirtschaftlichen Bereich.
Doch wie immer gilt: Bitte die Freude am Projekttag nicht durch dauerndes Noten-Notieren beeinträchtigen.

Weitere Bausteine

Mühle

Die Römer kannten schon Mühle, Dame und ähnliche heute noch populäre Brettspiele. Das Mühlespiel war damals noch eine vereinfachte Variante mit rundem Spielfeld. Lassen Sie die Kinder einfach beide Varianten ausprobieren.
(Kopiervorlagen S. 83)
Bei Rundmühle spielt jeder Spieler mit drei Steinen, beim klassischen Mühlespiel erhält jeder neun Steine. Gesetzt wird abwechselnd, bis alle Steine platziert sind. Dann dürfen die Steine auf den Linien verschoben werden. Gewonnen hat der Spieler (bei Rundmühle), der als Erstes drei Steine auf einer Geraden platziert hat (eine so genannte Mühle). Beim klassischen Mühlespiel braucht der Sieger 3-mal 3 Geraden (also drei Mühlen).

Die Spielfelder lassen sich z.B. auf Pappe zeichnen, auf Holz malen oder brennen, in den Sand malen, mit Kreide auf Stein zeichnen usw.
Als Spielsteine können vorhandene, aus Ton oder Modelliermasse hergestellte „Steine" oder zusammengesuchte Natursteinchen in unterschiedlichen Farben benutzt werden.

Mühlevarianten

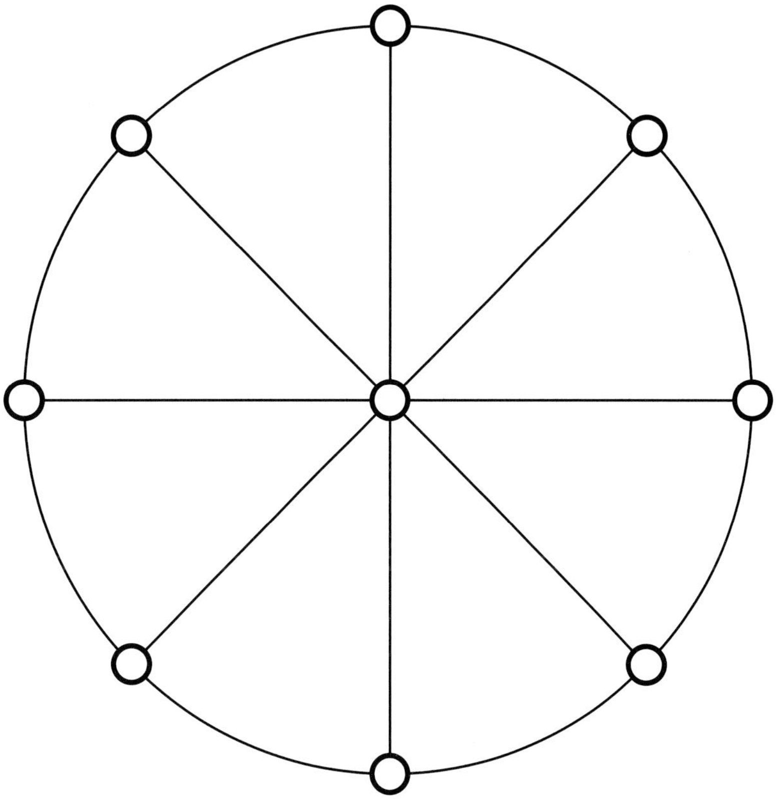

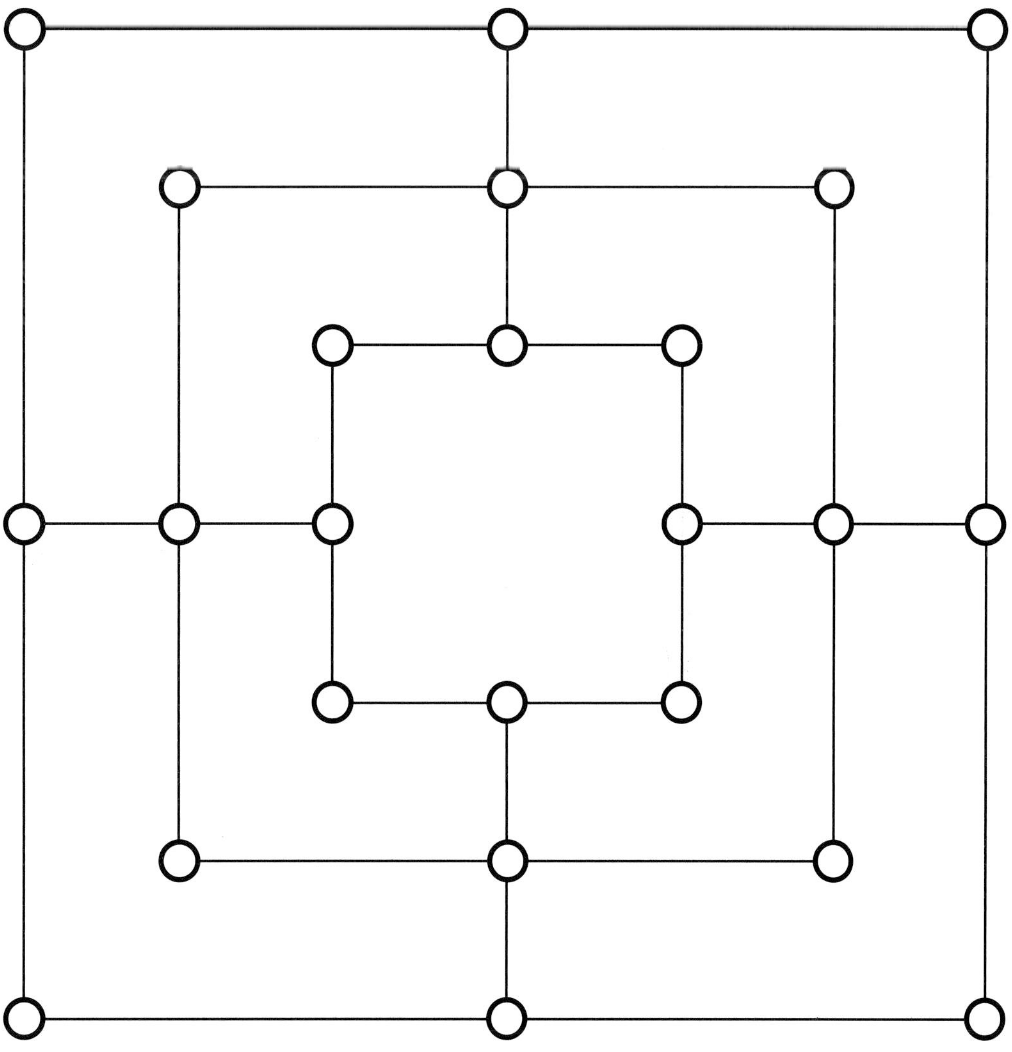

Tangram

Tangram stammt ursprünglich aus China. Eine Urform dieses Spiels kannte man wohl schon um 1000 v.Chr. Aber auch die Römer und Griechen spielten es sehr gern.
Es besteht aus sieben Teilen, die zusammengelegt ein Quadrat ergeben – fünf Dreiecke, ein Quadrat und ein Parallelogramm. Aus diesen sieben Teilen ist es möglich, Tausende von Silhouetten von verschiedensten Objekten zu legen: Pflanzen, Tiere, Bauwerke etc.
Sie können die Vorlage ausdrucken und auf Pappe kleben oder auch als Vorlage zum Aussägen aus Sperrholz verwenden.

Im Internet und im Buchhandel gibt es unzählige Vorlagen und Rätsel für Tangram-Formen.
Die Kinder können aber auch selbst Rätsel für ihre Mitschüler entwickeln.
Ein klassisches Gehirntraining seit 3000 Jahren!

Aufträge für die Kinder:

- Lege folgende Objekte: Haus, Blume, Schiff, Berg, Person, Brücke, ...
- Lege ein Objekt, zeichne die Umrisse genau ab, ohne die Einzelteile zu markieren, und lege es einem Mitschüler als Rätsel vor.

Nussecke

Das Wort Nussecke bekommt bei diesem Spiel eine neue Bedeutung: Das Spielfeld für mindestens zwei Spieler kann irgendwo in den Sand gemalt werden, aber auch mit Kreide auf den Schulhof oder mit Klebeband auf den Fußboden im Klassenraum. Jede Zone im Dreieck sollte mindestens 10 cm hoch sein. Die römischen Zahlen beginnen bei I und enden bei X, aber ein oder zwei Felder weniger machen auch nichts aus, wenn Sie die Kinder freihand zeichnen lassen.
Jeder Spieler bekommt fünf Nüsse und darf von einer Linie, die gut 2 m vom Dreieck entfernt ist, eine Nuss ins Spielfeld werfen oder rollen. Jede Nuss erbringt die Punktzahl des Feldes, in dem sie liegen bleibt. Wer die meisten Punkte hat, gewinnt die Runde.

Tangram und Nussecke

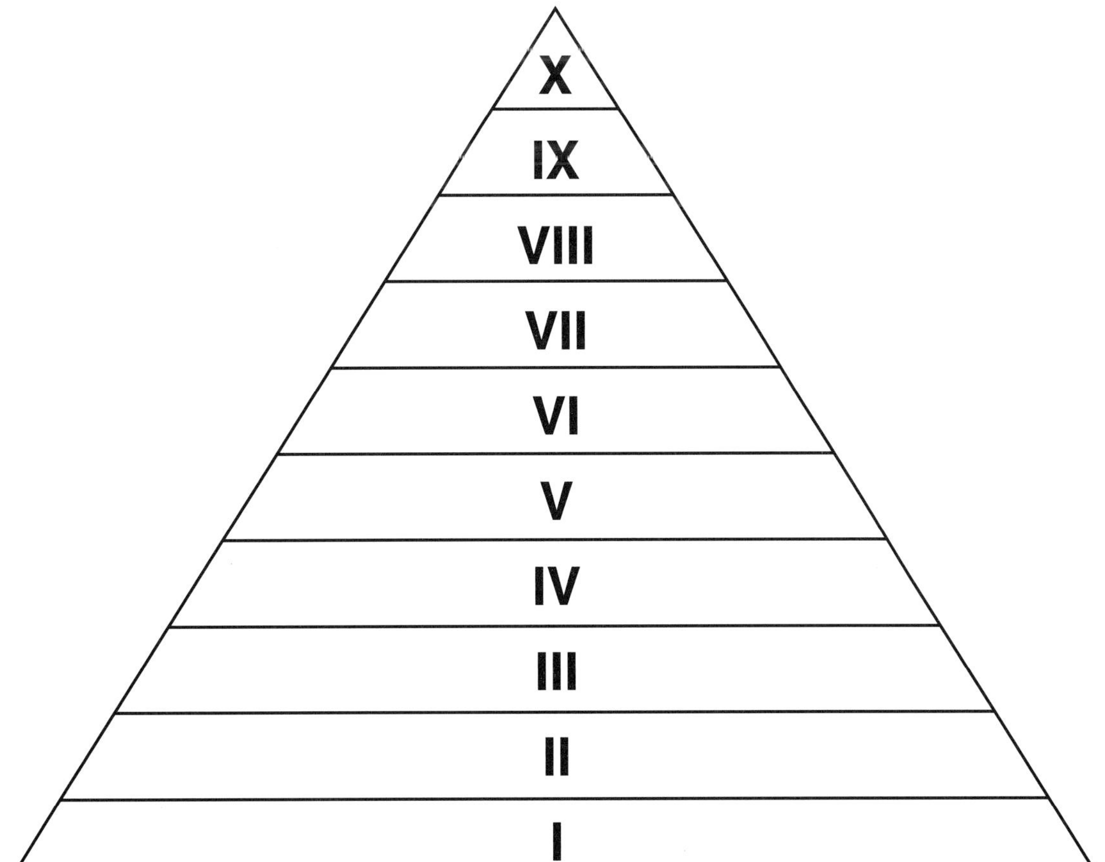

Römer-Memory®

Seit die Römer das Gebiet des heutigen Süd- und Westdeutschlands besetzt hatten, sickerten natürlich viele ihrer Vokabeln auch in unseren allgemeinen Sprachgebrauch ein – zumal viele Dinge den Germanen sowieso gänzlich unbekannt waren, sodass sich die Übernahme der römischen Wörter anbot. Lassen Sie Ihre Klasse doch einmal ganz einfache lateinische Vokabeln lernen.

Das Spiel funktioniert genauso wie jedes Memory®-Spiel. Allerdings finden Sie die Wörter aus den Bereichen Nahrung, Küche und Hausbau in zwei Schwierigkeitsstufen gestaffelt, für „Normal-Germanen" und für „Profi-Römer". Letztere dürfen mit dem kompletten Kartensatz spielen, die „Germanen" bitte nur mit dem etwas leichteren, reduzierten Kartensatz.

Römische Sänfte

Wenn ein vornehmer Gast zum Essen eingeladen war, konnte es auch vorkommen, dass dieser mit einer Sänfte hereingetragen wurde. Und da Sie ja nun schon Ihre Kinder vornehm in Toga gehüllt haben und das Gastmahl vorbereitet ist, warum keine Sänfte zum Einzug des Ehrengastes?

Sie brauchen:

* zwei richtig dicke Besenstiele oder Metallstangen
* strapazierfähige Kordel
* Stuhl

Schieben Sie die Besenstiele unter dem Stuhl durch, und binden Sie sie mit Hilfe der Kordel fest, sodass die Stiele sich ganz rechts und ganz links am Rand des Stuhles befinden.
Zwei Erwachsene oder zwei starke Kinder können die Sänfte tragen, während die anderen Kinder bzw. Römer ein Spalier bilden und den Ehrengast würdig empfangen, ihm zujubeln und winken.

Römer-Memory®

zum Ausdrucken, Laminieren und Ausschneiden

Leichtere Version:

oleum	panna	flasca	fenestra	murus
Öl	Pfanne	Flasche	Fenster	Mauer
cellarium	planta	fructus	vinum	radix
Keller	Pflanze	Frucht	Wein	Rettich

Zusatzkarten:

bicarium	caementum	porta	pilarius	petrosilium
Becher	Zement	Tor, Tür	Pfeiler	Petersilie
laurum	piper	sinapis	caminus	camera
Lorbeer	Pfeffer	Senf	Kamin	Kammer

Römer-Sandalen

Zeitbedarf: 60 – 90 Minuten

Wenn Sie einfach an Lederreste herankommen, bietet es sich an, römische Sandalen zu basteln, damit die Schuhe auch zur Toga passen.

Sie brauchen:

* Lederreste, Kunststofflappen, Filz oder Fensterledertücher
* Papier, Bleistifte
* Scheren, Lochzange
* je 2 lange (Leder-)Bänder oder feste Schnüre pro Schuh

So geht es:

Jeder stellt einen Fuß auf ein Blatt Papier und zeichnet den Umriss auf, der ausgeschnitten wird und als Schablone auf dem Leder dienen kann. Dann schneiden die Kinder eine großzügige Lederfläche rund um den Fußabdruck aus.
Anschließend müssen die Laschen zum Durchfädeln des Lederbandes eingeschnitten werden. Das muss nicht so kunstvoll wie hier in der Zeichnung geschehen, einfache Einschnitte genügen. Mit der Lochzange stanzen die Kinder dann kleine Löcher in die Laschen und das Fersenstück.
Wie auf der Zeichnung ziehen die Kinder die Schnüre durch die Löcher, raffen das Leder und passen es dem Fuß an.

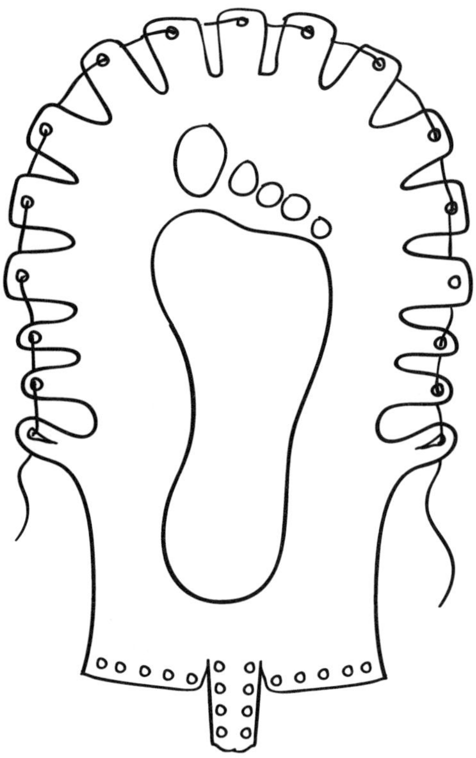

Schnittmuster Sandale

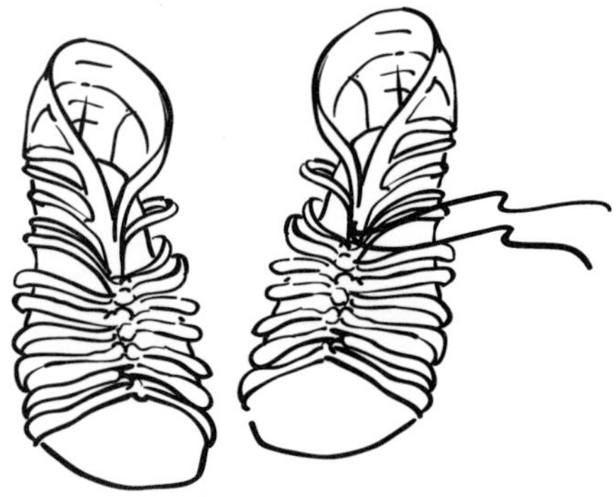

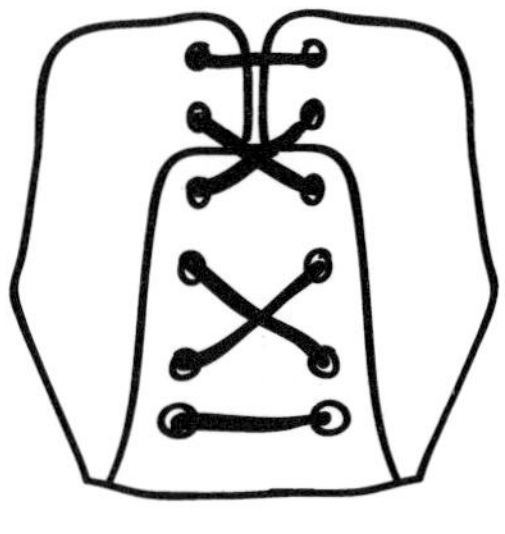

Schnürung hinten

Modul D:

Mittelalter

Zur Sache

Als (europäisches) Mittelalter wird allgemein eine **Zeitspanne von etwa 1000 Jahren** bezeichnet: Vom Untergang des Römischen Reiches bis zum Beginn der Renaissance, grob **zwischen 500 und 1500 n.Chr.** In diese Zeit fallen immense Veränderungen: vom Ende der Völkerwanderungen über **Aufstieg und Blüte des Frankenreiches** (z.B. Karl der Große), **gewaltige Entwicklungen von Wirtschaft und Kultur** bis hin zu den bedrohlichen **Seuchen und Hungersnöten** etwa im 15. Jahrhundert.

Das Mittelalter wurde vom **Feudalsystem** (Geistlichkeit, Adel/Ritter und Bauern) geprägt. Die **Bauern** stellten mit **80 %** die größte Gruppe, die gleichzeitig im Feudalsystem die Versorgung der beiden anderen Gruppen gewährleistete.
Zwischen dem 10. und 14. Jahrhundert verdoppelte sich während der **„mittelalterlichen Warmzeit"** die Bevölkerung Mitteleuropas. **Tödliche Seuchen,** wie die Pest, Kälteperioden und Missernten dezimierten zwischen dem 14. und 16. Jahrhundert allerdings die Bevölkerung wieder um gut ein Drittel. Der **hohe Bevölkerungsstand um 1350** wurde erst im 18. Jahrhundert wieder erreicht.

Im Mittelalter fanden **umfangreiche Rodungen** in den sumpfigen Urwäldern Europas statt, denn **tausende Dörfer wurden neu angelegt**. Durch den Holzeinschlag konnte auch Material zum Hausbau gewonnen werden: So entwickelte sich der **Fachwerkbau**. Die Siedlungen wurden ebenfalls durch Holz geschützt. Palisadenzäune waren die Vorläufer der späteren Stadtmauern.
Im Inneren der Bauernhäuser lebte man auf gestampftem Boden, häufig die **ganze Familie in einem Raum** mit der Kuh, dem Schwein oder der Ziege zusammen. Fensterglas hatten nur die reichen Adligen, also fiel nur wenig Licht ins Haus, dessen Luken zur Winterzeit mit Holzbrettern verschlossen wurden.
Das Mobiliar bestand meist aus einem Tisch, Bänken, Strohsäcken zum Schlafen und einer Truhe für sämtliche Kleidung.
Die Feuerstelle befand sich in der Regel mitten im Raum. Schornsteine wurden erst viel später eingebaut, sodass Bauernhäuser oft völlig verräuchert waren.

Die **Hauptnahrung war Getreide** in Form von Grütze, Brei oder Fladen. Fleisch gab es nur an besonderen Festtagen. Zum Trinken gab es Wasser oder Molke, oft auch schon früh morgens selbstgebrautes Bier.

Rekonstruktion eines mittelalterlichen Lehm-Fachwerkhauses

Nicht nur das Essen, auch die Kleidung verdeutlichte, welchem Stand man angehörte: Im 13. Jahrhundert wurden **strenge Kleiderordnungen** erlassen, die vorschrieben, dass Grün, Gelb und Weiß als Farben dem Adel vorbehalten waren, die Bauernkleider nur schwarz, blau und grau sein durften. Rot war wiederum dem Klerus reserviert. **Einfache Kittel, Kutten und Umhänge** mussten ausreichen, an den Füßen trug man auf dem Land meist nur **Stoffwickel in derben Holzschuhen**.

Das Leben der einfachen Menschen war gekennzeichnet von **lebenslanger, harter Arbeit** zum reinen **Selbsterhalt und zur Ernährung der Familie**. Extrem wurde die Situation, wenn Missernten eintraten und dennoch der Zehnte (Steuern) an den Lehnsherrn abzugeben war. Neben der eigennützigen Feldarbeit mussten oft noch Frondienste für den Grundherren geleistet werden. So aßen die Menschen in der Not in ihrem Getreidebrei auch Grassamen oder kauten Wurzeln.
Im 11/12. Jahrhundert gab es eine **kurze Wärmeperiode**, sodass sogar in nördlicheren Regionen Wein angebaut werden konnte. Dort, wo man sich in einem Dorf spezialisieren konnte (z.B. Weinbau, Färberpflanzen etc.), entstand beizeiten reger Handel mit anderen Orten auch über weite Entfernungen.

Die durchschnittliche **Lebenserwartung** lag nur bei etwa **30–35 Jahren**. Mit 40 galt man als alt, mit 50 als Greis. Kindheit als solche existierte noch nicht. Bereits mit 5–7 Jahren arbeiteten die Kinder ganz selbstverständlich in der Familie mit; mit **12–13 Jahren**, dem Eintritt der Geschlechtsreife, galten die Menschen als **quasi erwachsen**.

Auf den **Adelsburgen** lebte es sich vergleichsweise angenehm: Im **Palas**, dem Herrenhaus der Burg, lag nicht nur der Rittersaal für Festlichkeiten aller Art, sondern meist auch die **Kemenate**, das Frauen-Gemach, manchmal einziges beheizbares Zimmer der Burg.
Badehaus, Kapelle, Wirtschaftsräume, Scheunen und Ställe komplettierten die Ansammlung von Gebäuden innerhalb der starken Burgmauern.
So prächtig das klingt, war es doch in den meisten **Burgen kalt, feucht und zugig**.
Erst ab dem 13. Jahrhundert setzten die besonders Reichen Butzenscheiben in ihre Fenster, was die Räume zwar besser isolierte, aber auch gleichzeitig abdunkelte. Daher baute man oft Erker mit Sitzplätzen, um bei möglichst guten Lichtverhältnissen arbeiten zu können.
Ein Himmelbett galt als großer Luxus für die Herrschaften – in dem übrigens der Himmel dafür sorgte, dass das Ungeziefer von der Decke nicht direkt auf die Schlafenden fiel.
Durch die **regelmäßige Einnahme von Lehen** gab es auf einer Burg im Vergleich zum Bauerndorf meist vielfältige Nahrungsmittel, die gern bei großen Gelagen aufgefahren wurden.
Auf den Burgen entwickelte sich auch eine **höfische Kultur**, die wir heute noch in Heldenliedern und Minnesang kennen. Konzerte und Tanzvergnügen lockerten das eintönige Leben auf der Burg für den Adel auf.

Eine der schönsten erhaltenen mittelalterlichen Burgen: Burg Eltz an der Mosel

Bei **Turniertagen** konnte der Burgherr dann ganz besonders zeigen, wie reich er war: Nicht selten kamen über 100 Gäste zusammen – weshalb der Herr in den Wochen zuvor zusätzliche Abgaben von seinen Untertanen forderte, um alle Gäste standesgemäß zu bewirten.

An **Turnieren** durften nur vorher von einem Herold **überprüfte Ritter** mit entsprechender Ahnentafel teilnehmen. Sie wurden von **Knappen** unterstützt und bedient. Im Wettkampf ritten sie mit stumpfen Lanzen aufeinander zu und versuchten, den Gegner aus dem Sattel zu stoßen. Oft gab es noch einen anschließenden Schwertkampf, um den Sieger zu ermitteln.

Ritter, die gut gepanzert in Schlachten auf offenem Feld ritten, waren im Mittelalter eher selten: Hier kämpften eher einfache **Reiter und Fußsoldaten** gegeneinander. So gab es unter den verpflichteten Bauern, die nur ein gefüttertes Wams trugen, im Kampf immer riesige Verluste, während der Adel in der Regel mit dem Leben davonkam. Wurde ein Adliger im Kampf gefangen genommen, brachte er meist auch noch ein stattliches Lösegeld des Feindes ein.

Szenen aus modernen Ritterturnieren

Die Absicht

Auch in diesem Modul soll Ihre Klasse das **Leben vergangener Kulturen** zumindest **exemplarisch kennenlernen** und gleichzeitig die **eigene komfortable Situation der Moderne** schätzen lernen, die im Gegensatz zum Mittelalter überaus bequem und sicher ist. Die Kinder erkennen im Laufe des Projekttages, dass **harte, unermüdliche Arbeit** den ständigen Lebensmittelpunkt für den größten Teil der Bevölkerung bildete.
Heute arbeiten wir, um gut zu leben. Im Mittelalter wurde **gearbeitet, um zu überleben**.

Das **„Ritterleben"** ist gerade für die Jungen oft der einzige Aspekt, den sie mit dieser längst vergangenen Zeit verbinden und den sie durchweg als „cool" bewerten. Bestimmt macht es einen Riesenspaß, seinen Gegner mit der Lanze vom Pferd zu stoßen oder als mächtiger Ritter mit eiserner Faust über seine Untertanen zu herrschen. Ein Blick auf die andere Seite von Macht und Gewalt wird jedoch selten geworfen. Schon eine leichte Verletzung konnte im Mittelalter zum Tod führen, denn es gab keine ernst zu nehmende medizinische Versorgung.

Es ist für alle Kinder nur zu empfehlen, einmal ein **Mittelalterfest** zu besuchen und dort ein **Kettenhemd anzuziehen** – nicht mal die Rüstung. Danach ist jeder „geheilt", denn wer schon jemals unter dem Gewicht dieses metallenen „Unterhemds" in die Knie gegangen ist, kann einschätzen, wie schwierig es war, sich überhaupt gerade auf dem Pferd zu halten. Wer in Ihrer Klasse wiegt etwa 30–35 kg? So schwer war die komplette Rüstung. Man nehme das betreffende Kind auf die Schulter und versuche nur eine leichte Übung …
Beim Schreiben im **Skriptorium** wird die **Sorgfalt** deutlich, die nötig war, um **Texte verfassen oder vervielfältigen** zu können. Tintenflecke? Von vorne anfangen! Auch hier zeigt sich die Bequemlichkeit unserer Zeit mit Radiergummi, Tintenkiller oder Löschen-Taste nur allzu gut.
Wenn der **Alltag eines Bauernkindes** besprochen wird, ahnen die ersten Kinder bereits, dass **Kind-Sein im Mittelalter** kein Zuckerschlecken gewesen sein kann. Natürlich macht das Brotbacken und Butterstampfen, das sie als „einfache Leute" später erledigen sollen, auch Spaß – aber diese Arbeiten im Wechsel mit Hunderten anderen Aufgaben auf dem Feld und in der Küche?

Insgesamt sollen also bei diesem Projekttag **Alltagssituationen** aus drei Bereichen des Mittelalters erlebt und mit dem heutigen Leben verglichen werden. Dabei fließt ein, wie sehr das **Ständesystem** dieses Leben beeinflusste. Vielleicht lässt sich auch noch herausfinden, ob einige Dinge seit damals sogar gleich geblieben sind. Und warten Sie es ab, da kommt bestimmt von irgendeinem Kind: „Ich weiß was: Du verbietest uns ja auch den Tintenkiller!" Zustände wie im Mittelalter …

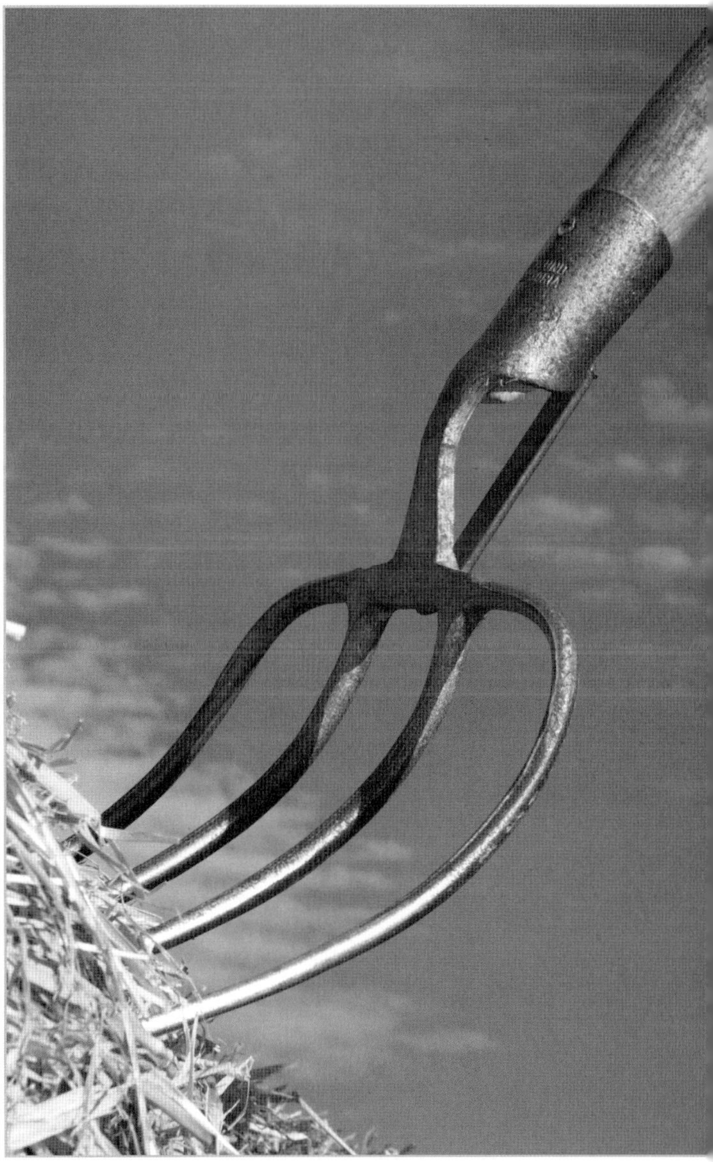

Arbeit im Mittelalter war kein Zuckerschlecken.

Der Projekttag „Mittelalter"

Zu Beginn des Tages wird kurz an die **geschichtliche Einordnung** erinnert: Mittelalter – wann war das eigentlich?
Dass eine **andere Sprache** gesprochen wurde als heute, dass diese teilweise aber recht gut zu verstehen ist, kann anhand des gemeinsamen Übersetzens eines **mittelhochdeutschen Gedichts** verdeutlicht werden.
Sprechen Sie ganz grob über das Leben der Menschen, im Speziellen über einen typischen Arbeitstag eines Kindes bzw. einer Familie auf dem Lande.
Im Rahmen einer Stationenarbeit geht es dann um die **drei Stände des Mittelalters**:
Die einfachen Leute, die Bauern, müssen Brot backen und Butter stampfen. Der Adel lernt, sich auf ein Ritterturnier vorzubereiten.

Im Kloster befindet sich das Skriptorium, in dem die Mönche Texte übersetzt oder vervielfältigt haben. Besprechen Sie auch die **mittelalterlichen Tischsitten**, bevor die feierliche Schwertleite zu Ehren eines ausgewählten Knappen stattfinden kann, der sich ein Festmahl anschließt.

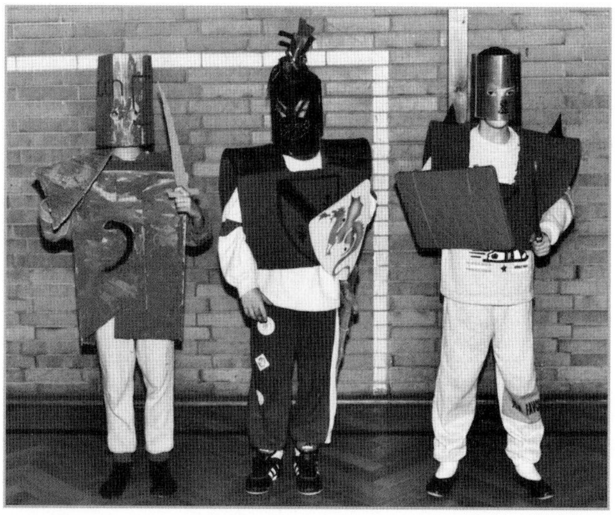

Ablaufplan für den Projekttag „Mittelalter"

Was wird gemacht?	Ort/Form/Zeit	Material
Einführung: Erwartungen klären, zeitliche Einordnung usw.	Klassenraum, Plenum *15 Minuten*	
Sprache im Mittelalter: „Ich zoch mir einen valken" übersetzen	Klassenraum, Plenum *10 Minuten*	Vorlage Gedicht: „Ich zoch mir einen valken" (S. 98)
Kinder im Mittelalter: Arbeitszeiten eines Bauernkindes und Überleitung zur Stationenarbeit	Klassenraum, Plenum *10 Minuten*	Vorlage mit Arbeitszeiten eines Bauernkindes (S. 99)

Stationenarbeit: **1. Einfache Leute:** Getreide mahlen, Brot backen, buttern	je Station *30–40 Minuten* **1.** Küche oder Schulhof	 • 6 Päckchen H-Sahne • Butterfass oder zwei Schraubdeckelgläser • Löffel • Teesieb • Gefäß für die Butter • ggf. Kräutersalz, Blüten • Putzlappen, Putzmittel • Topflappen • 3 kg Mehl • 3-mal 700 ml Wasser • Hefe für 3 kg Mehl • 3 Teelöffel Salz • 3-mal 40 g Butter • 3 Teelöffel Zucker • mindestens 2 Schüsseln zum Anrühren • Messbecher • Ofen, Backbleche, Backpapier
2. Adel: Page, Knappe, Ritter	**2.** Schulhof oder Turnhalle	• mindestens zwei lange, dickere Bambusstangen • mindestens zwei Holzschwerter • mindestens einen „Gegner" (Sack oder Baumwollbeutel mit Lumpenfüllung) • Aufhängung für den „Gegner" (z.B. Seil) • mindestens 4 Ringe (evtl. aus altem Ringwurf-spiel) • ggf. ein bis zwei Pferde (z.B. Steckenpferde)
3. Im Kloster: Skriptorium	**3.** Klassenraum	• mehrere Bandzugfedern oder echte Gänsefedern (präpariert) • ein oder mehrere Tintenfässer • Vorlagen für Schmuckbuchstaben • mehrere Blätter liniertes Papier pro Kind • einen Stapel Blanko-Papier • Abdeckung für die Arbeitstische
Mittelalterliche Tischsitten	Klassenraum oder Turnhalle *10 Minuten*	Erzähl-Vorlage (S. 106)
Feierliche Schwertleite mit Festmahl	Klassenraum oder Turnhalle *30–45 Minuten*	• Kleidungsstücke für Ritter, König, Damen … • ein (Holz-) Schwert • einen Klassensatz Teller • einen Klassensatz Messer • Tischdecke, Kerzenleuchter etc.

Die Planung des Projekttages

Wenn Sie mit Ihrer Klasse schon zum Mittelalter gearbeitet haben, brauchen Sie im Vorfeld des Projekttages nicht mehr viel zu klären. Ein paar **Grundlagen** wären insgesamt nicht schlecht, um etwas mehr Wissen voraussetzen zu können als das viel zitierte Rittertum. Denn es soll im Herzstück des Tages, der Stationenarbeit, ja um **die drei Stände Bauern, Adel und Klerus** gehen. Von den spezifischen Lebensumständen und der Hierarchie vorab schon einmal gehört zu haben, würde die Umsetzung der einzelnen Angebote sicher erleichtern.

Der Beginn des Projekttages kann ganz normal im **Stuhlkreis im Klassenzimmer** stattfinden: Für Einführung, Übersetzung aus dem Mittelhochdeutschen und Kinderarbeit im Mittelalter benötigen Sie keinen speziellen Raum.

Bei der anschließenden **Stationenarbeit** kann das klösterliche Skriptorium ebenfalls im Klassenraum angesiedelt werden, während die Übungen für das Ritterturnier am besten auf dem Schulhof oder in der Turnhalle ablaufen. Getreide mahlen und buttern, die dritte Station, kann auch auf dem Schulhof oder aber in der Schulküche angesiedelt werden, da mit einigem Staub und viel Kleckerei zu rechnen ist.

Das **Festmahl** kann in der Küche, dem Klassenraum oder auf dem Schulhof stattfinden.
Also sollten die einführenden Punkte (Was kostete „Ritter-Werden"? und Mittelalterliche Tischsitten) der Einfachheit halber ebenfalls dort ablaufen.

Nun zur Materialbeschaffung:
Ein kleines **Butterfass** bekommen Sie in Internet-Shops ab 20 Euro. Aber das ist gar nicht unbedingt nötig: Vielleicht hat jemand eins zu Hause, ansonsten nehmen Sie einfach zwei Schraubdeckelgläser. Lange **Bambusstangen** als Lanzen bekommen Sie im Bau- und Gartenmarkt oder aus dem Gartenschuppen von gut ausgerüsteten Eltern, die sicher auch noch das eine oder andere Steckenpferd auf dem Dachboden haben.

Die **Bandzugfedern** (Schreibfedern) für das Skriptorium führt jeder Schreibwarenladen für ein paar Cent, aber auch über das Internet sind sie gut zu bekommen. Wenn Sie Ihre Klasse mit echten Gänsefedern schreiben lassen wollen, sollten Sie nach einem Bauern Ausschau halten, der Martinsgänse züchtet.

Was nun die **Kleidung der Burgfräulein und Ritter** angeht, machen Sie sich keine Sorgen: Die Karnevals-Ausstattungen Ihrer Kinder zu diesem Thema sind garantiert unerschöpflich. Wenn Sie sich selbst ein paar Utensilien zulegen wollen, gucken Sie doch mal auf dem nächsten Mittelaltermarkt bzw. Weihnachtsmarkt, den Sie besuchen.
Sollten Sie den Projekttag alleine durchführen wollen, müssten Sie darauf achten, dass alle drei Gruppen während der Stationenarbeit in Reichweite sind. Sichern Sie sich lieber die **Mithilfe von zwei oder drei engagierten Eltern**, die für je eine Station zuständig sind.

Falls Ihre Helfer kurzfristig abspringen, können Sie den Projekttag auch mit reduzierter Helfer-Zahl schaffen: Beim **Skriptorium** versinken die Kinder in der Regel nach wenigen Minuten ganz ruhig in der Arbeit, sodass diese Station auch **ohne dauerhafte Aufsicht** auskommt. Für die Übungen zum Ritterturnier benötigen Sie aber unbedingt einen Erwachsenen, der sich darum kümmert, dass die Kinder sich nicht plötzlich mit den Lanzen aufspießen …

Wenn Sie den Tag auf dem **Schulhof** geplant haben und es am Morgen regnet, sollten Sie eine Ausweichmöglichkeit gesichert haben: Die Turnhalle werden Sie vielleicht nicht einfach so stundenlang belegen können, aber wie sieht es mit der Aula aus? Sie brauchen irgendeinem Raum, in dem Sie den „Gegner" (den Lumpensack) aufhängen und eine Turnierbahn von etwa 10 m Länge haben, ohne dass die Ritter danach gleich vor die Wand laufen.

Die Umsetzung: „Mittelalter" konkret

Der Einstieg

Da in meine Schule im Grünen immer fremde Klassen kommen, muss ich das **Vorwissen der Kinder klären**, um für den Rest des Tages nicht an ihnen vorbei zu reden. Mittelalter: Was ist das überhaupt? Im kurzen, **einführenden Gespräch** arbeiten Sie heraus, dass der Name uns ja schon viel verrät: Wegen des Wortes „Mittel-" muss es ja irgendetwas vorher und nachher geben.
Antike und Neuzeit sind die Begriffe, die die Kinder kennenlernen sollten. Klar, in der Neuzeit leben wir, die Antike wurde geprägt von den römischen und griechischen Hochkulturen. Wenn Sie schon andere Projekttage aus diesem Buch durchgeführt haben, bringen Sie doch die **Weltgeschichte in eine zeitliche Reihenfolge.**

Wer's genau wissen will: Zwischen dem Ende der Vorherrschaft der Römer und dem Beginn der Renaissance nimmt das **Mittelalter etwa 1000 Jahre** ein. Renaissance? O je, kein Begriff für Grundschüler! Also: Seit dem 14. Jahrhundert wurden Kanonen eingesetzt, die bald auch Burgmauern zerstörten. Ritter mit Lanzen auf Pferden konnten gegen sie überhaupt nichts mehr ausrichten – sie wurden nicht mehr gebraucht! Außerdem war auch bald das **Ständesystem überhol**t, die Bauern, das **Bürgertum erstarkte**, es entwickelte sich zunehmend individuelle Freiheit. Demokratische Ideen kamen mehr und mehr auf und setzten die Herrscher unter Druck.

Wie haben die Menschen im Mittelalter miteinander geredet? **Sprache** verändert sich. Die Sprache, die im Mittelalter gesprochen wurde, war auch keine einheitliche. Das ist für Kinder leicht verständlich, wenn Sie darauf hinweisen, dass ja auch heute die Menschen im Hamburg anders reden als in Bayern. Regionale Unterschiede hat es immer gegeben, und so können wir uns eben nur auf das verlassen, was schriftlich überliefert wurde.

Ein Minnesang-Gedicht

Ein Beispiel ist das Gedicht des Kürenbergers, der den Text um 1160 im österreichisch-bayrischen Raum verfasst haben soll und als erster Minnesänger seiner Zeit gilt. Sie können Zeile für Zeile vorlesen und die Kinder Übersetzungsversuche machen lassen. Das geht meist sehr gut. Sollte Ihnen der gesamte Text zu lang sein, lassen Sie es mit der ersten Strophe oder einigen Zeilen bewenden. Links das Original, rechts eine gebräuchliche Übersetzung.

Ich zoch mir einen valken
mere danne ein jar.
do ich in gezamete
als ich in wolte han
und ich im sin gevidere
mit golde wo bewant,
er huop sich if vil hohe
und fluog in anderiu lant.

Sit sach ich den valken
schone fliegen:
er fuorte an sinem fuoze
sidine riemen,
und was im sin gevidere
alrot guldin.
got sende si zesamene
die gerne geliep wellen sin!

Ich zog mir einen Falken
länger als ein Jahr.
Nachdem ich ihn mir gezähmt,
wie ich ihn haben wollte,
und ihm sein Gefieder
mit Gold wohlgeschmückt,
erhob er sich hoch in die Lüfte
und entflog in fremdes Land.

Seither sah ich den Falken
schön fliegen.
Er führte an seinem Fuße
seidene Riemen,
und sein Gefieder
war ganz Rotgold.
Gott sende sie zusammen,
die gerne geliebt wollen sein.

Das Gedicht lässt sich gut auch musikalisch umsetzen, beispielsweise mit selbstgebastelten „mittelalterlichen" oder auch Orff-Instrumenten zur Melodie eines bereits bekannten Liedes.

Arbeitszeit im Mittelalter

Wie hättet ihr gelebt, wärt ihr im Mittelalter aufgewachsen? Hier die typischen Arbeitszeiten eines Bauernkindes. Reihum merkt sich je ein Kind eine Tätigkeit und die Zeit dazu, um später im Plenum alles zu addieren und staunend festzustellen, dass der Tag nicht viel Spielraum bot für eigene Spiele und andere Freiheiten.

Tätigkeit	Zeitbedarf
Feuer machen	20 Minuten
Kuh melken	20 Minuten
Brei kochen	20 Minuten
Schwein füttern	10 Minuten
Geschwister versorgen	90 Minuten
Kuh auf die Weide treiben	30 Minuten
Haus putzen	60 Minuten
Hof fegen	10 Minuten
Schafe hüten	90 Minuten
Unkraut rupfen im Gemüsegarten	50 Minuten
Heu wenden	60 Minuten
Korn dreschen/andere Feldarbeit	40 Minuten
Wolle spinnen	40 Minuten
	540 Minuten/ 9 Stunden

Die drei Stände

Als Überleitung zur Stationenarbeit kann ein typisches Problem adeliger Nachkommen bemüht werden. Erzählen Sie den Kindern folgende Situation:

Der edle Ritter Adelbert hatte drei Söhne.
Für den Ältesten, Berthold, war klar, dass er die elterliche Burg erben würde.
Der Zweitgeborene, Casimir, hatte das Glück, das ebenso holde wie begüterte Fräulein Edelgunde von der Nachbarburg heiraten zu können.
Dagobert aber, der dritte Sohn, musste auch noch untergebracht werden.
Was hatte er wohl für Möglichkeiten, wenn er weder erben noch reich heiraten konnte?

An den meisten Mittelalter-Projekttagen kommt der Spruch von den Kindern selbst:
„Keine Burg? Keine Frau? Der ist bestimmt ins Kloster gegangen!" Genau.

Somit beschäftigen wir uns also mit dem **Adel** als Gruppe und mit den Menschen im Kloster, dem **Klerus**. Und wer bleibt noch? Diejenigen, die die härteste Arbeit für den schlechtesten Lohn zu erledigen hatten: das Volk, die **Bauern**. Dies sind die drei Stände des Mittelalters, deren Leben die Schüler an Stationen nacherleben sollen.

Zeitbedarf: für erste freie Äußerungen und die zeitliche Einordnung max. 15 Minuten, für die Übersetzung max. 10 Minuten, für die Arbeitszeitberechnung und die Überleitung zur Stationenarbeit weitere 10 Minuten.

Die Stationenarbeit „Mittelalter"

Station 1: Bauern

Zeitbedarf: 30–40 Minuten

Sie brauchen zum Buttern:
* 2 Päckchen H-Sahne
* ein Butterfass mit Stampfer oder 2 Schraubdeckelgläser
* einen Löffel
* ein Teesieb
* eine Schüssel für die Butter
* eine Schere

So geht das Buttern:
Die Kinder schneiden die Sahnepäckchen auf und gießen sie ins Butterfass oder in die Schraubdeckelgläser. Die Schraubdeckelgläser müssen einfach so lange geschüttelt werden, bis sich feste, gelbe Butterklumpen gebildet haben.

Mit dem Butterfass arbeiten die Kinder so:
Die Kinder stellen den Stampfer in die Sahne, legen den Deckel über das Fass und stampfen, stampfen, stampfen, bis feste, gelbe Butterklumpen entstehen.

Ist eine größere, feste Masse entstanden, schütten die Kinder die Butter aus dem Glas in ein Sieb, sodass die dünnflüssige Molke ablaufen kann. Butterreste aus dem Fass können mit dem Löffel herausgeholt werden und tropfen ebenfalls im Sieb noch etwas ab.
Zum Schluss drücken die Kinder die Butter etwas fester zusammen und streichen sie in einer Schüssel schön glatt, damit sie appetitlich aussieht.
Zum Kühlen kommt das Ganze in den Kühlschrank, oder die Kinder streichen die Butter gleich auf frisches Brot. Guten Appetit!

Die Molke ist übrigens auch trinkbar. Sie ist fettarm (denn das ganze Fett ist jetzt in der Butter) und sehr gesund.

Buttern macht Kindern einen Riesenspaß – solange sie nicht den ganzen Tag in der Küche arbeiten müssen …

Sie brauchen zum Backen:

- 1 kg Mehl
- 700 ml Wasser
- Hefe für 1 kg Mehl
- einen Teelöffel Salz
- etwa 40 g Butter
- einen Teelöffel Zucker
- Schüssel zum Anrühren
- Messbecher
- Backbleche, Backpapier
- Ofen

So geht das Backen:
Die Kinder mischen alle Zutaten gut in der Schüssel und kneten sie so lange, bis ein geschmeidiger Teig entstanden ist. Der Teig muss etwa eine halbe Stunde lang an einem warmen Ort gehen.
Ist der Teig aufgegangen, können die Kinder Brot oder Brötchen aus dem Teig formen und aufs Backblech legen. Backpapier nicht vergessen.

Die Brötchen backen bei 200 Grad, je nach Größe, etwa 20–30 Minuten lang. Ein ganzes Brot braucht etwa 40–50 Minuten.
Nehmen Sie die Backwaren spätestens dann heraus, wenn sich eine dunkle Kruste gebildet hat.
Am besten nimmt ein erwachsener Helfer die Bleche vorsichtig mit Topflappen aus dem Ofen und stellt sie zum Abkühlen auf eine feuerfeste Unterlage.

Tipp: Bereiten Sie schon morgens früh selbst den ersten Teig vor. Wenn die erste Gruppe an die Station kommt, stellt die einen neuen Teig her, der dann gehen kann, bis die nächste Gruppe anrückt. Zum Brötchen-Formen bekommt dann jede Gruppe den Teig, den die Vorgängergruppe geknetet hat. Die letzte Gruppe macht dann keinen Teig mehr, sondern formt nur noch Brötchen und deckt zum Ausgleich schon einmal den Tisch bzw. arrangiert alles so, dass ein Festmahl nach der Schwertleite (Feierlichkeiten zum Ritterschlag) stattfinden kann.

Selber Brötchen backen kennen nur noch die wenigsten Kinder von zu Hause.

Station 2: Adel (Page, Knappe, Ritter)

Zeitbedarf: 30–40 Minuten

Sie brauchen:

* 2 lange, dickere Bambusstangen (oder mehr)
* 2 Holzschwerter (oder mehr)
* einen „Gegner" (Sack oder Baumwollbeutel mit Lumpenfüllung)
* Aufhängung für den „Gegner" (z.B. Seil)
* mindestens 4 Ringe (z.B. aus altem Ringwurfspiel)
* ein oder zwei Steckenpferde o.Ä.

So geht es:

Besprechen Sie an der Station mit den meist überaus motivierten Jung-Rittern, wie die Karriere eines jungen Adligen im Mittelalter verlief:
Die jungen Adligen waren zunächst Page (Schild- oder Waffenträger für den Herrn), später Knappe (Ritter-Anwärter, der noch unterrichtet werden musste) und zum Schluss erst Ritter.
Es war also kein Herrenleben von Anfang an, sondern harte Arbeit, Disziplin, Gehorsam über viele Jahre. Und dass man Turniere nur gewinnen kann, wenn man fleißig übt, ist jedem klar.

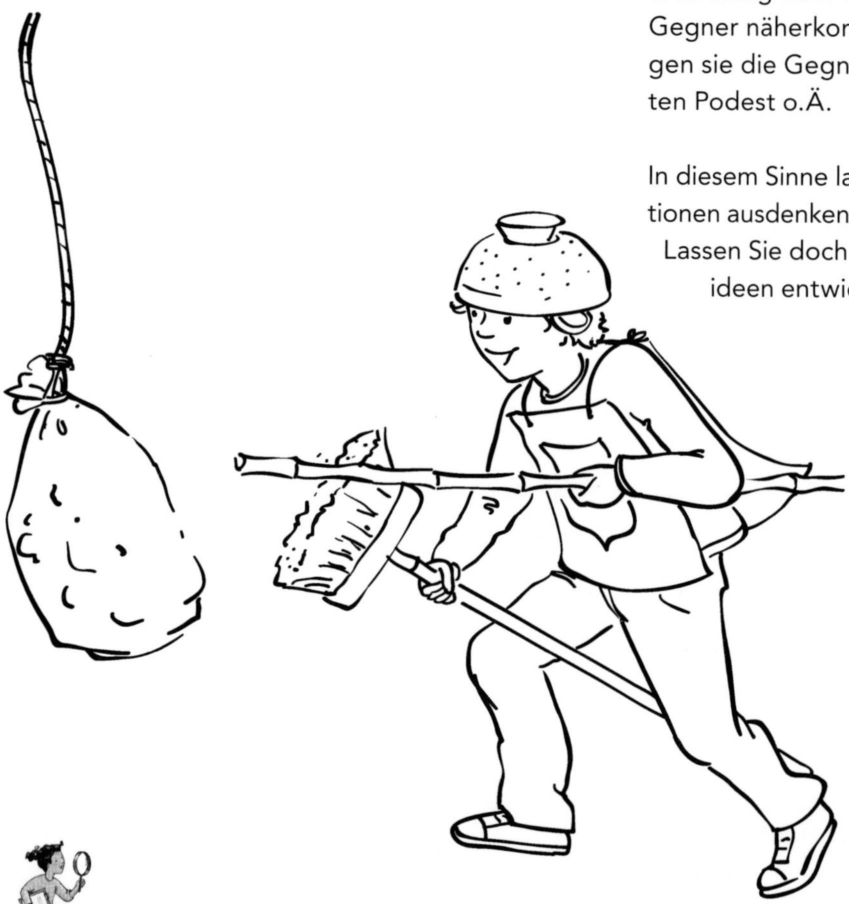

Los geht's! Die kleine Gruppe teilt sich ggf. in zwei Reihen, um öfter üben zu können. Der „Gegner", ein mit Lumpen gefüllter Sack oder eine Baumwolltasche, baumelt von einem Seil, das rechts und links an Bäumen, Turngeräten o.Ä. befestigt ist, unruhig herunter. Das ist durchaus gewollt:
Ein echter Gegner würde auch nie stillhalten.

1. Übung: Die Kinder reiten auf dem Steckenpferd (wenn vorhanden) mit der Lanze (Bambusstange) unter dem Arm in vollem Galopp auf den Gegner zu und versuchen, den Gegner genau in der Mitte zu treffen. Dabei dürfen sie nicht langsamer werden. Hierbei könnte auch das Turnierpferd zum Einsatz kommen (s. S. 113).

2. Übung: Ein oder zwei todesmutige Knappen halten Ringe in die Luft, die der Ritter in vollem Galopp mit der Lanze aufspießen muss.

3. Übung: Die Knappen halten die Lanzen schräg nach oben. Die Ritter versuchen, entweder im Stand oder im Galopp, die Ringe über die Lanzen zu werfen.

4. Übung: Die Ritter lassen im Galopp das Schwert unablässig über dem Kopf kreisen, damit kein Gegner näherkommen kann. Im Vorbeireiten schlagen sie die Gegner-Attrappe von einem aufgestellten Podest o.Ä.

In diesem Sinne lassen sich noch zahlreiche Variationen ausdenken, was junge Ritter können müssen. Lassen Sie doch einfach die Kinder weitere Spielideen entwickeln.

Station 3: Im Kloster

Zeitbedarf: 30–40 Minuten

Sie brauchen:
- mehrere Bandzugfedern oder echte Gänsefedern (zum Schreiben präpariert)
- ein oder mehrere Tintenfässer
- Vorlagen für Schmuckbuchstaben
- mehrere Blätter liniertes Papier pro Kind
- einen Stapel Blanko-Papier
- Abdeckung für die Arbeitstische

1.

Soll mit echten Gänsefedern geschrieben werden, müssten Sie oder die Kinder die Federn vorher zum Schreiben präparieren. Das geht so:

2.

3.

Präparieren von Gänsefedern:
Schneiden Sie das untere Ende der Feder (den Kiel) schräg mit dem Messer ab.
Drücken Sie das Mark heraus. Schneiden Sie dann die vorderste Spitze ab.
Schneiden Sie anschließend parallel zum Schaft einen kleinen Spalt in den Kiel.
Für ein optimales Ergebnis müsste die Feder vor dem Zuschneiden in Wasser eingeweicht und in heißem Sand ausgehärtet werden, bis sie glasig geworden ist. Aber diesen Aufwand müssen Sie nicht unbedingt betreiben.

4.

So geht es:

Im ersten Arbeitsschritt versuchen die Kinder, sich an das Schreiben mit einer Feder zu gewöhnen. Sie stecken die Spitze des Kiels einfach kurz in das Tintenglas und beginnen, zu schreiben. Eine wichtige Regel: Nicht zu fest drücken, sonst läuft die Tinte aufs Papier, und es gibt Flecken.
Tintenkiller gab es im Mittelalter natürlich noch nicht. Wenn ein Kloster mit dem Erstellen von Urkunden oder Kopieren von Büchern Geld verdienen wollte, musste alles ordentlich aussehen. Bei Tintenklecksen auf dem Papier musste der Mönch die ganze Seite noch einmal neu schreiben – und Papier war natürlich sehr teuer und durfte nicht verschwendet werden.

In einem zweiten Schritt schreiben die Kinder auf einem Schmuckblatt einen beliebigen Text und verzieren ihn mit Schnörkeln, einem schönen Rahmen etc. Vielleicht wird es ein religiöser Text, ein Gedicht an ein schönes Burgfräulein oder ein Lobgesang auf einen edlen Ritter. Geben Sie den Kindern Vorlagen von mittelalterlichen Schriftzeichen (s. S. 105), Beispiele für mittelalterliche Texte, oder lassen Sie sie ganz frei schreiben.
Schmuckblätter mit besonders verzierten Initialen können mit Wasserfarben, andersfarbiger Tinte oder auch einfach mit Holz- und Filzstiften eingefärbt werden.

Übrigens ...

Das Skriptorium erfreut sich übrigens bei Mädchen und Jungen großer Beliebtheit, obwohl es eine ruhige, eher unspektakuläre Schreibtätigkeit ist. Oft sagen die Kinder, sie bräuchten noch viel mehr Zeit. Die Kinder schreiben an dieser Station viel sorgfältiger als sonst, weil diese Schreibgestaltung etwas Besonderes, etwas Verbindliches hat. Einige Mütter meldeten bereits zurück, sie hätten noch am selben Nachmittag Bandzugfedern und Tusche kaufen müssen und würden seitdem regelmäßig mit „mittelalterlicher" Post versorgt.

Mittelalterliche Schriftzeichen

A B C D E F G

H I J K L M N

O P Q R S T U

V W X Y Z

Auszug aus dem Nibelungenlied

Ez wuohs in Burgonden
ein vil edel magedîn,
daz in allen landen
niht schoeners möhte sîn.
Kriemhild geheizen,
si wart ein schoene wîp.
Dar umbe muosen degene
vil verliesen den lîp.

Mittelalterliche Tischsitten

Auf das Essen müssen die Kinder noch ein bisschen warten. Sie müssen schließlich noch die Zeit überbrücken, die es braucht, bis der letzte Schwung Brot oder Brötchen fertig gebacken ist.
Also führen Sie die Kinder in die mittelalterlichen Tischsitten ein, und besprechen Sie auch, wie die Regeln wohl zu Stande gekommen sein mögen.

Während es im **Frühmittelalter** zu Tisch noch recht **„barbarisch"** zuging (u.a. weil noch keine Frauen am Tisch der Ritter zugelassen waren), wurden zumindest bei den wohlhabenden Familien ab dem **11. Jahrhundert die ersten Tischsitten** formuliert.

Nachfolgend sind einige Regeln aufgelistet, die für die Kinder amüsant oder beeindruckend sind. Lesen Sie diese entweder vor oder hängen Sie sie als Plakat auf. Vielleicht findet sich ja ein Kind, das Spaß daran hat, die **Benimmregeln laut zu deklamieren**, während das Volk bereits in Erwartung des Mahles an der Tafel sitzt …

- Ein jeder wasche sich die Hände, bevor er sich an die Tafel setze.
- Kein wohlerzogener Mann lege sich auf den Tisch, sondern er sitze aufrecht beim Mahle.
- Man kratze sich beim Essen nicht mit der bloßen Hand, sondern benutze einen Teil des Gewandes.
- Ein Mensch schmatzt nicht beim Essen – das tut nur das Vieh. Ansonsten speise er bei demselben!
- Man trinke nicht mit vollem Mund. Außerdem wische man sich vor dem Trinken den Mund ab.
- Man esse die Suppe leise wie eine Jungfrau mit dem Löffel, anstatt sie laut wie ein Kalb mit der Zunge zu schlecken.
- Wer niesen oder husten muss, wende sein Gesicht vom Tisch ab.
- Man achte darauf, dass kein Ungeziefer auf dem Tisch oder der Kleidung krabbelt.
- Ein edler Herr stopfe nicht zu große Stücke in den Mund, sondern er speise langsam und kaue gründlich.
- Man stehle kein Essen des Tischnachbarn, auch wenn es noch so verlockend aussieht.
- Der Mann esse bescheiden und begnüge sich mit dem, was aufgetischt werde.
- Nur ein Bauer öffnet sich den Gürtel beim Essen am Bauch.
- Man spucke nicht und behalte seine Gase für sich, solange man zu Tisch sitze.

Zum Abschluss: Feierliche Schwertleite

Zeitbedarf: 30–45 Minuten

Die „Bauersleute" haben ja bereits für reichlich frische Backwaren gesorgt, die verführerisch duftend abkühlen, und sicher steht auch bereits die mit Blüten geschmückte Kräuterbutter bereit. Wenn Sie möchten, lassen Sie die Kinder vorher von zu Hause Zinnbecher, Kerzenleuchter und andere **„mittelalterliche" Utensilien** mitbringen und damit den **Tisch decken**.

So sah unsere dekorierte Kräuterbutter aus.

Der **Ritter** klemmt den Helm unter den Arm und **kniet sich vor den König**. Während der König seinen Spruch zum Ritterschlag aufsagt, legt er die **flache Seite des Schwertes** nacheinander auf die Schultern und den Kopf des jungen Ritters. Majestät darf übrigens mangels Zeit zum Auswendiglernen seinen Text ablesen.

Spruch zum Ritterschlag:
Zu Gottes und Marias Ehr',
nimm diesen Schlag und keinen mehr.
Sei tapfer, bieder und gerecht,
besser ein Ritter als ein Knecht.

Übrigens ...
Ich hatte einmal eine Klasse zu Besuch, in der ein Junge schon den ganzen Vormittag über nur schrecklich viel Quatsch gemacht hatte. Er nahm keine seiner Aufgaben sonderlich ernst. Als es dann um die Schwertleite ging, sagte er: „Ich bin dann der Hofnarr!" Klar, so was hätte ich auch erwartet. Dann aber nahm er Anlauf, machte einen Salto und schlug anschließend noch ein Rad. Tatsächlich, da hatte er seine Bestimmung gefunden und bekam reichlich Applaus.

Doch noch gibt es gar nichts zu feiern, denn die Schwertleite steht ja noch aus. Dazu können auch wieder die Kinder ihre **Ritter-Sachen** von zu Hause mitbringen. In meiner Schule im Grünen habe ich einen kleinen Vorrat angelegt: Einen **Ritterhelm aus Pappe**, einen **Waffenrock**, den es günstig auf einer Burg zu kaufen gab, eine selbstgebastelte goldene **Königskrone** und zwei samtene **Schleierkränze** in unterschiedlichen Farben für die holden Damen.

Wer bei den Ritterspielen besonders geschickt und heldenhaft aufgefallen ist, sollte **als Ritter ausgewählt** und entsprechend ausstaffiert werden. Ein weiteres Kind wird jetzt zum König gekrönt, eines zur Königin. Ein Burgfräulein gesellt sich hinzu, und der Rest der Kinder, ob nun verkleidet oder nicht, spielt den Hofadel.

Da der Knappe nun endlich zum Ritter geschlagen wurde, kann **das Festmahl beginnen**. Auch wenn es im Rahmen des hier beschriebenen Projekttages „nur" aus Brot und Butter besteht, merkt das niemand. Immerhin ist alles selbstgemacht!

Und danach?

Ein Ritterfest eignet sich hervorragend zur **Präsentation aller erarbeiteten Themen**. Seit der Mittelalter-Hype ausgebrochen ist, kommen derlei Angebote sowieso immer gut an, und hier ist Mitmachen auch für alle Eltern und Geschwister ganz leicht. Schon beim Ritterturnier wird ja viel applaudierendes Volk benötigt.

Sollten Sie ein Turnier ausrichten, müssen die jungen **Ritter auch gegeneinander antreten**, nicht nur gegen den Lumpensack-Gegner aus der Stationenarbeit. Dafür müssten Sie die Lanzen mit aufgeschnittenen Schaumstoffbällen o.Ä. sichern, damit es keine echten Opfer zu beklagen gibt. Außerdem muss natürlich das Reglement vorher klar sein: Niemand bekämpft sich ernsthaft, es ist alles eine **große Show**. Es wird nur auf den Oberkörper gezielt. All das, was beim Fußball nicht zum guten Ton gehört, ist jetzt gefragt: Theatralisch hinfallen, jammernd liegen bleiben, wild gestikulierend die Unschuld beteuern …

Zur **Dokumentation** kann Ihre Klasse natürlich alle Schreibblätter aus dem Skriptorium, alle Backrezepte, Tischregeln etc. in einer Mittelalter-Mappe sammeln. Und bitte vergessen Sie auch hier nicht, **ausgiebig zu fotografieren** und am Ende des Schuljahres möglichst jedem Kind eine CD davon zu brennen.

Völlig einfach ist auch hier wieder die **Leistungsbewertung**, die künstlerisches und sportliches Engagement ebenso beinhalten kann wie möglicherweise einen ganz normalen Test über das erarbeitete Mittelalter-Wissen.

Weitere Bausteine

Das richtige Maß

Dieses Angebot ist ein guter „Puffer" für Kinder, die mit anderen Aufgaben schon fertig sind.
Sie können schier endlos **Stofflängen**, **Tischbreiten**, **Körperhöhen** usw. **messen**, deshalb gibt es hier auch keine Zeitangabe.
Im Mittelalter kannten die Menschen noch **keine einheitlichen** und überall gültigen **Maße**, wie z.B. Meter oder Kilogramm. Damals rechneten und planten die Menschen noch mit so genannten **Körpermaßen**. Die wichtigsten Maße waren Fingerbreite, Handbreite, Spanne (Strecke zwischen ausgestrecktem Daumen und der Spitze des kleinen Fingers), Elle (Strecke zwischen Fingerspitzen und Ellbogen), Fuß und Schritt.

Nun waren ja nicht alle Menschen gleich groß, also war Ärger vorprogrammiert. Man half sich, indem für jede Stadt ein **„Normalmaß"** galt, das auf einem Maßbalken eingeritzt wurde oder als Metallstück in Mauerwerk eingelassen wurde. An manchen alten Rathäusern oder Kirchen (z.B. dem Wormser Dom) findet man diese Maßstäbe heute noch.

Körpermaße

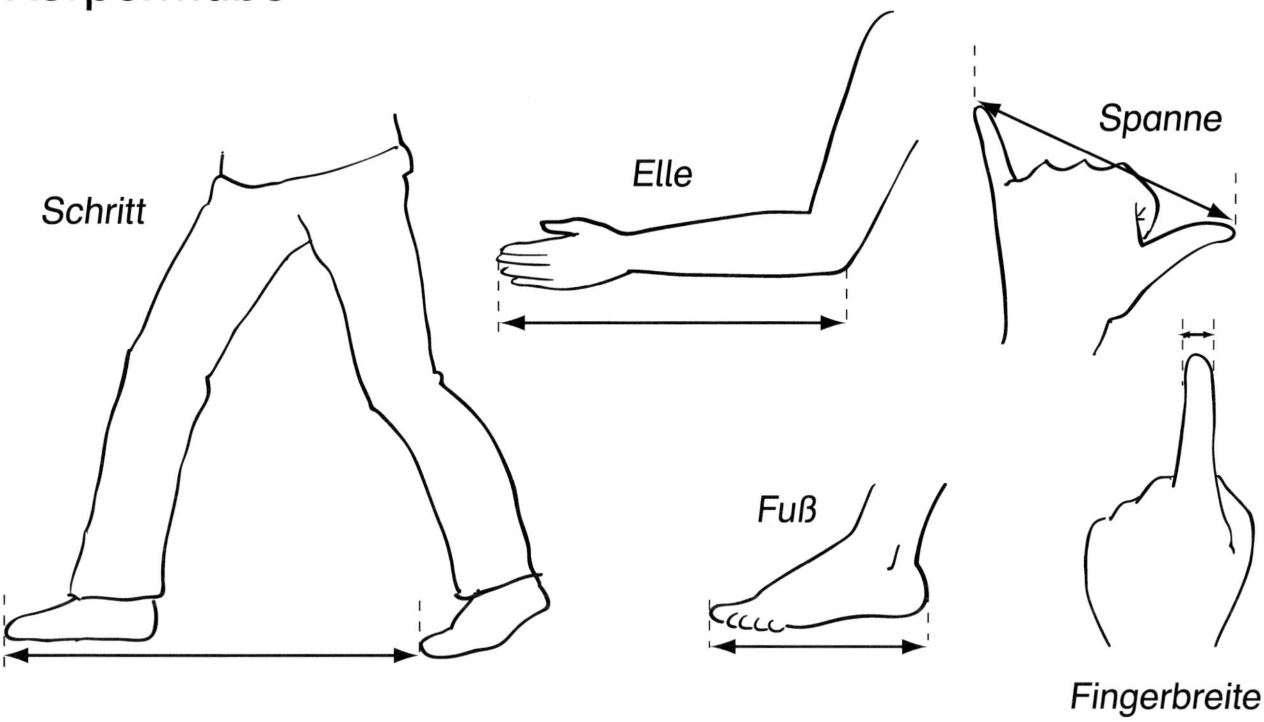

1. Miss folgende Gegenstände mit Körpermaßen nach. Überlege, welche Körpermaße sich am besten für die Gegenstände eignen.

	Schritt	Fuß	Elle	Spanne	Fingerbreite
Schulbank (Breite)					
Tafel (Höhe)					
Klassenraum (Breite)					
Klassenraum (Länge)					
Mathebuch (Höhe)					
Radiergummi (Länge)					

2. Vergleiche deine Ergebnisse mit denen deiner Mitschüler. Warum unterscheiden sich wohl eure Ergebnisse voneinander?

Mittelalterlicher Waschtag

Zeitbedarf: ca. 30–40 Minuten

Sollten Sie noch ein altes Waschbrett im Keller stehen haben, nehmen Sie es unbedingt mit in die Schule. So können Sie einen mittelalterlichen Waschtag nachstellen. Ohne Waschbrett geht es aber auch: entweder draußen auf einem großen Stein oder drinnen auf dem metallenen Ablauf der Spüle in der Schulküche. Das ist dann eben ein liegendes Waschbrett.

Sie brauchen:

* 2–3 Holzstücke zum Klopfen (Reste von Dachlatten o.Ä.)
* eine alte Holzwanne (oder Zinkwanne)
* ein Waschbrett
* eine grobe Bürste
* ein Stück Kernseife
* mehrere Kleidungsstücke (z.B. alte Bettlaken, Tischdecken o.Ä.), gerne schön schmutzig
* Wäscheleine, hölzerne Wäscheklammern
* Wiese, Wasser, Sonne

So geht es:
Füllen Sie kaltes Wasser in die Holzwanne, und raspeln Sie einige Stücke Kernseife ins Wasser. Die Kinder klopfen zunächst mit den flachen Hölzern den groben Dreck aus den Textilien. Anschließend schrubben sie die Wäsche in der Holzwanne mit der Bürste. Hierbei ist ein recht hoher Kraftaufwand notwendig. Besonders schmutzige Stellen müssen mit der Kernseife noch einmal extra eingerieben werden. Nach dem Waschen wird die Wäsche kräftig ausgewrungen. Bei schönem Wetter können die Kinder die Wäsche draußen zum Trocknen aufhängen.

Übrigens ...
Im Mittelalter war Wäschewaschen echte Schwerstarbeit. Es gab nur kaltes Wasser. Die Bauern konnten sich keine Seife leisten, sondern verwendeten eine Aschelauge, die eine leicht reinigende Wirkung hatte. Die Frauen und Kinder mussten oft stundenlang klopfen, schrubben und wringen, um die Kleidung der Familie zu säubern.
Manche Wäschestücke wurden zum Trocknen auf die Leine gehängt, andere zum Bleichen und Trocknen in der Sonne auf die Wiese oder über niedrige Büsche gelegt.

Kaum ein Haushaltsgerät hat das Leben jemals so erleichtert wie der Waschautomat.

Schreiben wie im Mittelalter

Zeitbedarf: ca. 10–15 Minuten

Papier war in Europa dem Großteil der Bevölkerung noch kaum bekannt. Es wurde fast nur von Gelehrten im Kloster verwendet, war sehr teuer und aufwändig herzustellen. Alle wichtigen Dinge wurden auf besonders dünner und speziell behandelter Tierhaut (Pergament) notiert, z.B. Urkunden und Verträge. Im Alltag benutzte man Wachstafeln, in die mit einem Griffel geritzt wurde und die man später wieder glätten konnte. So schrieben auch Jahrhunderte zuvor die Römer schon.

Sie brauchen:
* Bienenwachs-Kerze (oder Knete)
* einen kleinen Holz-Bilderrahmen mit Rückwand aus Holz oder Pappe
* flaches Holzstäbchen, z.B. Eisstiel
* einen Griffel (Zahnstocher oder Schaschlikspieß)

So geht es:
Die Kinder lösen zuerst die Rückwand aus dem Rahmen. Nun drücken Sie entweder die Knete gleichmäßig auf die Rückwand oder träufeln das Wachs von der brennenden Kerze darauf, bis eine durchgängige Fläche entstanden ist.
Anschließend streichen sie die Fläche mit einem flachen Holzstäbchen o.Ä. glatt. Nun setzen die Kinder den Holzrahmen wieder auf die Rückwand. Mit dem Griffel können die Kinder jetzt schreiben, mit dem Holzstäbchen wieder alles glatt streichen.

Tinte herstellen

Zeitbedarf: ca. 5–10 Minuten

Wenn die Kinder möchten, können sie sogar noch die Tinte zum Schreiben mit der Gänsefeder (S. 103) selbst herstellen.

Sie brauchen:
* frische Holunderbeeren, Brombeeren oder Kirschen
* ein kleines Sieb
* eine Gabel
* ein Schälchen zum Auffangen der Tinte

So geht es:
Die Kinder pressen einfach mit einer Gabel die Beeren durch ein Sieb und fangen den Saft in dem Schälchen auf. Dann können sie mit der präparierten Gänsefeder die selbstgemachte Tinte aufsaugen und damit schreiben.

Wappen gestalten

Zeitbedarf: 15–30 Minuten

Zur Ausrüstung eines Ritters gehörte immer auch ein **Schild aus Holz**, oft mit ledernem Überzug. Es schützte den Ritter und war gleichzeitig sein **„Aushängeschild"**:
Selbst im unübersichtlichen Kampfgetümmel mit heruntergeklapptem Visier konnte ein Ritter so erkannt werden oder seine **Zugehörigkeit** zu einem bestimmten **Adelshaus** zeigen.

Auf dem Schild war das **Wappen der Familie** abgebildet. Es gab mit verschiedenen Farben und Symbolen Auskunft über die Herkunft des Ritters und wurde von den Eltern vererbt. Bei der Heirat zweier Adliger wurden die Wappen oftmals auch miteinander kombiniert, sodass ein ganz neues Wappen entstand. Beliebt waren **Darstellungen von starken Tieren**, wie z.B. Löwen, Bären und Greifvögeln. Handwerker bildeten oft ihr **wichtigstes Werkzeug** auf ihrem Wappen ab (z.B. der Hufschmied das Hufeisen).

Hier sind ein paar ganz einfache Wappenbilder:

Lassen Sie nun die Kinder auf Basis dieser Vorlagen **eigene Wappen entwerfen**. Die Wappen sollten **nicht zu bunt** sein. Zwei oder drei Farben genügen. Am besten entscheiden sich die Kinder für **ein prägnantes Motiv** (ein Tier, eine Pflanze, ein Gegenstand). Vielleicht gestalten sie das Wappen auch mit den eigenen Initialen.

So sahen Wappen mittelalterlicher Adelsgeschlechter aus.

Turnierpferd basteln

Zeitbedarf: 30–40 Minuten

Die Ausstattung des Ritters, z.B. Helm, Brustpanzer, Schild etc. lässt sich aus allen möglichen Kartons bauen und mit Wasserfarben anmalen. Auch ein Turnierpferd kann so hergestellt werden. Lassen Sie die Kinder auf dem Schulhof oder im Werkraum arbeiten.

Sie brauchen:

* möglichst große Pappkartons
* ein Paar Hosenträger pro Pferd
* Wasserfarben
* Wolle für die Mähne
* Tacker, Cutter oder große Schere
* Handbohrer, dünner Schraubendreher oder Korkenzieher
* etwas Schnur

So geht es:

Ein großer **Pappkarton** (z.B. ein Umzugskarton) kann komplett als Pferdeleib dienen, wenn man ihn umdreht und oben ein Loch als Einstieg schneidet. Pferdehals und -kopf müssten aus anderen Pappstücken angefertigt werden. Noch einfacher geht es so:

Die Kinder zeichnen auf ein großes Stück Pappe **Rumpf, Hals und Kopf eines Pferdes** im Profil auf. Mit dem Cutter schneiden sie die Umrisse aus. Diese übertragen sie auf ein weiteres Stück Pappe, damit **zwei Pferdeseiten** entstehen.
Anschließend malen die Kinder beide Teile mit Wasserfarben an. Dabei denken sie an eine **gemalte Satteldecke mit Wappen**. Mit Schraubendreher, Korkenzieher oder Handbohrer bohren die Kinder Löcher oben am Hals und fädeln die Wolle hindurch, um eine **Mähne** zu gestalten. Hinten verfahren sie ebenso für einen **Schweif**. Dort knoten sie gleichzeitig beide Hinterteile mit Schnur eng aneinander fest.

An Brust und Hals des Pferdes bohren die Kinder weitere Löcher, um auch dort den rechten und den linken Pferdeteil mit Schnur zu verbinden (evtl. tackern, wenn die Pappe dünn genug ist). Zum Schluss befestigen die Kinder noch die Hosenträger an den Pferdeseiten, damit Ritter und Pferd eine Einheit bilden können. Und jetzt geht's auf ins Turnier!

Rezept: Armer Ritter

Zubereitungszeit: 15–20 Minuten

Ritter waren nicht immer reich. Durch Missernten oder Misswirtschaft konnten durchaus auch Adelige verarmen. Manchmal war einfach nichts mehr da: Gerade im Frühling, wenn die Vorräte über den Winter aufgebraucht und noch keine neuen Ernten eingefahren waren. Da mussten „Arme Ritter" genügen – wobei Salz und Pfeffer schon der pure Luxus waren …

Sie brauchen für 8 Portionen:

✱ Herdplatte, Pfanne
✱ Schüssel, Messer, Rührlöffel, Pfannenmesser
✱ Teller, Schneidbrett
✱ 8 Scheiben Vollkornbrot
✱ 4 Eier
✱ 250 ml Milch
✱ etwas Salz und Pfeffer
✱ einen frischen Bund Schnittlauch
✱ Speiseöl zum Braten in der Pfanne

So geht es:
Die Kinder waschen einige Stängel Schnittlauch und schneiden sie in kleine Stückchen. Milch, Eier, Schnittlauch, etwas Salz und Pfeffer kommen zusammen in die Schüssel. Die Kinder verrühren alles gut. Anschließend geben sie Öl in die Pfanne und erhitzen es auf mittlerer Temperatur. Währenddessen tunken sie die Brotscheiben in die flüssige Masse. Die feuchten Brotscheiben kommen nun in die Pfanne und werden von beiden Seiten goldbraun gebacken. Wenden zwischendurch nicht vergessen! Am besten schmecken die „Armen Ritter" lauwarm. Guten Appetit!

Rezept: Buchweizenfladen

Zubereitungszeit: 10 Minuten Vorbereitung, 90 Minuten Wartezeit, 20–30 Minuten Fertigstellung

Sie brauchen für 25 Probier-Portionen:

✱ 1 kg Buchweizenschrot (aus dem Bio-Laden)
✱ 4 Päckchen Trockenhefe oder 2 Würfel Frischhefe
✱ 2 Teelöffel Salz
✱ 200 g Butter
✱ 8 Eigelb
✱ 8 Eiweiß
✱ 1200 ml Wasser
✱ evtl. Apfelmus als Beilage
✱ Mixer, hohe Rührschüssel, Teigschüssel
✱ Öl zum Backen
✱ Pfanne, Pfannenwender
✱ Teller, Messer

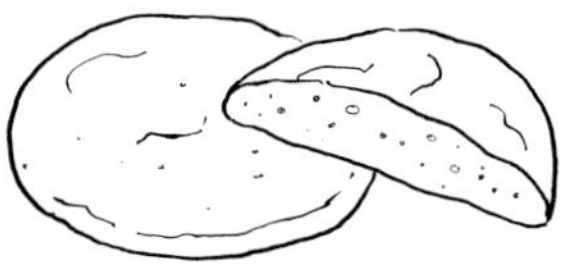

So geht es:
Trennen Sie zunächst bei den Eiern das Eigelb vom Eiweiß. Die Kinder vermischen anschließend Buchweizen, Hefe, Salz, Butter, Eigelb und Wasser in der Rührschüssel und kneten alles mit dem Mixer gut durch. Der Teig muss nun etwa 90 Minuten ruhen. Währenddessen schlagen die Kinder das Eiweiß in einer anderen Schüssel zu Eischnee.
Wenn der Teig fertig gegangen ist, heben sie den Eischnee unter den Teig. Erhitzen Sie nun etwas Öl in der Pfanne. Die Kinder formen kleine Fladen aus dem Teig und geben ihn vorsichtig in das heiße Öl. Die Fladen werden ein paar Minuten gebraten, bis sie schön knusprig sind. Zu Buchweizenfladen schmeckt übrigens Apfelmus sehr gut als Beilage. Guten Appetit!

Würfelspiel: Stumme Jule

Zeitbedarf: 10–20 Minuten pro Runde

Sie brauchen:
- einen Würfel
- 6 trockene Erbsen oder Spielsteine pro Kind
- einen Stift

So geht es:
1. Reihum wird gewürfelt.
2. Wer eine 1 würfelt, legt eine Erbse vor sich hin.
3. Wenn er anschließend eine 2 würfelt, legt er die zweite Erbse vor sich hin.
4. Das geht so bis zur 6, dann wieder rückwärts (dabei Erbsen wieder wegnehmen).
5. Wer zuerst alle Erbsen entfernt hat, ist der Sieger.
6. Es darf während des gesamten Spiels kein Wort gesprochen werden, sonst muss der Sprecher wieder von vorne anfangen.

Würfelspiel: Hunderterjagd

Zeitbedarf: 5–10 Minuten pro Runde

Sie brauchen:
- 3 Würfel

So geht es:
1. Das Ziel ist, möglichst hohe 3-stellige Zahlen zu erwürfeln.
2. Jeder Spieler würfelt mit drei Würfeln. Er sucht die höchste Augenzahl, z.B. 5, aus und bestimmt, ob die 5 an der Einer-, Zehner- oder Hunderterstelle stehen soll.
3. Der Würfel mit der 5 scheidet dann aus, mit den beiden anderen wird erneut gewürfelt. Wieder wird die höchste Zahl ausgesucht und auf eine der beiden noch freien Positionen bestimmt.
4. Mit dem letzten Würfel wird noch mal gewürfelt. Diese Zahl füllt nun automatisch die freie Stelle in der Hunderterzahl. Man kann also zwischen 111 und 666 alles erreichen.
5. Wenn jedes Kind in der Runde einmal an der Reihe war, gewinnt dasjenige mit der höchsten Hunderterzahl.

Raum für Notizen

Raum für Notizen

Medientipps

Literatur

Birgit Brandenburg:
So war es bei den Römern. Eine Werkstatt.
Kl. 3/4, Verlag an der Ruhr, 2006.
ISBN 978-3-8346-0014-1

Birgit Brandenburg:
So war es im Mittelalter. Eine Werkstatt.
Kl. 3/4, Verlag an der Ruhr, 2004.
ISBN 978-3-86072-843-7

Laurie Carlson:
Wir spielen Mittelalter.
Eine Mappe zum Basteln, Kochen, Spielen, Lernen.
7–11 J., Verlag an der Ruhr, 1999.
ISBN 978-3-86072- 380-7

Gabriele Cwik, Klaus Metzger (Hrsg.):
Lehrer-Bücherei Grundschule: Gute Aufgaben Sachunterricht.
Cornelsen Scriptor, 2009.
ISBN 978-3-589-05139-7

Antje Fries:
Den Wald erleben und erforschen ... im (fast) papierfreien Projektunterricht.
Kl. 1–4, Verlag an der Ruhr, 2011.
ISBN 978-3-8346-0782-9

Björn Geitmann, Meike Marxen (Illustr.):
Feste feiern in der Schule. 8 Mottos – 80 Spiele.
5–10 J., Verlag an der Ruhr, 2009.
ISBN 978-3-8346-0540-9

Joachim Kahlert:
Der Sachunterricht und seine Didaktik.
UTB, 2009.
ISBN 978-3-8252-3274-0

Astrid Kaiser:
Neue Einführung in die Didaktik des Sachunterrichts.
Schneider Verlag, 2010.
ISBN 978-3-834-00728-5

Winfried Kneip:
Piraten und Seefahrer. Sachinfos, Geschichten, Lieder, Spiel- und Bastelideen.
5–10 J., Verlag an der Ruhr, 2008.
ISBN 978-3-8346-0430-9

Svenja Maibaum:
Mit Kette und Schuss. Einfaches Weben und Knüpfen Schritt für Schritt.
6–10 J., Verlag an der Ruhr, 2010.
ISBN 978-3-8346-0558-0

Andrea Reinhardt:
Jungs machen Kunst. Originelle Kunst-Projekte, die auch echte Kerle motivieren.
5–10 J., Verlag an der Ruhr, 2010.
ISBN 978-3-8346-0700-3

Petra Sauerborn, Thomas Brühne:
Didaktik des außerschulischen Lernens.
Schneider Verlag, 2010.
ISBN 978-3-834-00807-7

Katrin Schüppel:
Afrika – eine Projekt-Werkstatt.
Kl. 3/4, Verlag an der Ruhr, 2010.
ISBN 978-3-8346-0622-8

Nicole Schweitzer:
Leben und Kunst in der Steinzeit. Eine Werkstatt.
Kl. 3/4, Verlag an der Ruhr, 2004.
ISBN 978-3-86072-929-8

Internet*

www.kinderzeitmaschine.de
Sehr schön animierte und interaktive Reise in die Vergangenheit – von der Frühzeit der Menschen über Hochkulturen und das Mittelalter bis zu Seefahrern und Entdeckern.

www.helles-koepfchen.de
Zahlreiche Artikel mit Sachinfos für Kinder, zu vielen aktuellen und historischen Themen.

www.dinosaurier-interesse.de
Alles Wissenswerte rund um Dinos für Grundschulkinder.

www.medienwerkstatt-online.de
Zahlreiche Wissenskarten und kostenlose Materialien zu vielfältigen Themen des Sachunterrichts.

www.kidsnet.at
Kindgerechte Wissensseite zu sehr vielen Sachthemen, sowie Deutsch und Mathematik.

www.wasistwas.de
Auch im Internet beantwortet „Was ist was" viele Kinderfragen zu nahezu allen denkbaren Sachthemen.

*Die in diesem Werk angegebenen Internetadressen haben wir geprüft (Stand Mai 2011). Da sich Internetadressen und deren Inhalte schnell verändern können, ist nicht auszuschließen, dass unter einer Adresse inzwischen ein ganz anderer Inhalt angeboten wird. Wir können daher für die angegebenen Internetseiten keine Verantwortung übernehmen.

Bildnachweise

S. 6: Dr. Ron Blakey, Wikimedia Commons
S. 8. © Michael Gray – Fotolia.com
S. 9: © David Biagi – Fotolia.com
S. 15: © StephenD – Fotolia.com
S. 27: © Michael Gray – Fotolia.com
S. 31: Ryan Somma, Wikimedia Commons
S. 34: © Andrea Reinhardt
S. 35: © Sergey Drozdov – Fotolia.com
S. 36: © Vulkanisator – Fotolia.com
S. 40: H. J. Wagner, Wikimedia Commons
S. 41: Ökologix, Wikimedia Commons
S. 42: Sandstein, Wikimedia Commons
S. 43: Ankawü, Wikimedia Commons
S. 51: © Gerhard Seybert – Fotolia.com
S. 53: © Andrea Reinhardt
S. 68: MM, Wikimedia Commons
S. 74: © Zadiraka – Fotolia.com
S. 77: Mimova, Wikimedia Commons
S. 78: © Delphimages – Fotolia.com
S. 80: © Petra Dietz/Pixelio
S. 90: Axel HH, Wikimedia Commons
S. 91: Photoglob AG, Zürich, Wikimedia Commons
S. 92: (Pferd und Ritter) © Robert Creigh – Fotolia.com;
(Rüstung) © Gerhard Seybert – Fotolia.com
S. 93: © anoli – Fotolia.com
S. 97: © Erik Schumann – Fotolia.com
S. 99: © Urs Frischknecht – Fotolia.com
S. 101: © st-fotograf – Fotolia.com
S. 105: (Schrift) © fuxart – Fotolia.com
S. 107: © Viktor – Fotolia.com
S. 110: © dieter76 – Fotolia.com
S. 111: Sippel 2707, Wikimedia Commons;
(Tintenfass) © Sailorr – Fotolia.com

Alle anderen Fotos: Antje Fries.
Die Fotos sind entstanden während Projekttagen der „Schule im Grünen" des Wormser Umwelthauses.

Verlag an der Ruhr

Postfach 10 22 51
45422 Mülheim an der Ruhr

Telefon 030/89 785 235
Fax 030/89 785 578

bestellungen@cornelsen-schulverlage.de
www.verlagruhr.de

Es gelten die Preise auf unserer Internetseite.

Kompetenzen erwerben im Sachunterricht

■ Die Luft-Werkstatt – Klasse 1/2

Kl. 1–2, 65 S., A4, Papphefter (mit farbigen Abb.)
ISBN 978-3-8346-0697-6
Best.-Nr. 60697
19,90 € (D)/20,50 € (A)/32,10 CHF
(Die Luft-Werkstatt – Klasse 3/4: **Best.-Nr. 60698**)

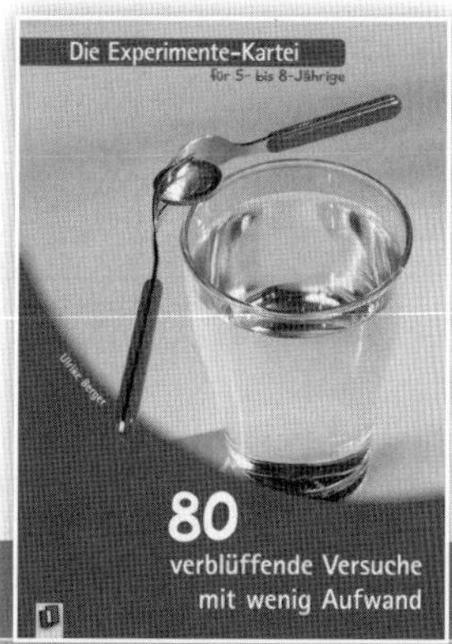

■ Die Experimente-Kartei für 5- bis 8-Jährige

80 verblüffende Versuche mit wenig Aufwand
5–8 J., 80 farbige Karteikarten
ISBN 978-3-8346-0784-3
Best.-Nr. 60784
29,90 € (D)/48,30 € (A)/48,30 CHF

■ Lichtblicker und Kraftprotze

Ausgearbeitete Experimentierstunden für 4- bis 7-Jährige
4–7 J., 160 S., 16 x 23 cm, Ringhefter
ISBN 978-3-8346-0825-3
Best.-Nr. 60825
19,50 € (D)/20,– € (A)/31,50 CHF

■ Magnettüftler und Stromexperten

Ausgearbeitete Experimentierstunden für 4- bis 7-Jährige
4–7 J., 143 S., 16 x 23 cm, Spiralbindung
ISBN 978-3-8346-0535-1
Best.-Nr. 60535
19,50 € (D)/20,– € (A)/31,50 CHF

■ Wasserforscher und Luftikusse

Ausgearbeitete Experimentierstunden für 4- bis 7-Jährige
4–7 J., 184 S., 16 x 23 cm, Spiralbindung
ISBN 978-3-8346-0237-4
Best.-Nr. 60237
19,50 € (D)/20,– € (A)/31,50 CHF

Sachunterricht live!

■ Den Wald erleben und erforschen

im (fast) papierfreien Projektunterricht
6–10 J., 120 S., A4, Pb.
ISBN 978-3-8346-0782-9
Best.-Nr. 60782
21,90 € (D)/22,50 € (A)/35,30 CHF

■ Waldwerkeln und Waldgeschichten

Basteleien, Texte, Lieder und Spiele
4–8 J., 160 S., 16 x 23 cm, Spiralbindung
ISBN 978-3-8346-0320-3
Best.-Nr. 60320
19,50 € (D)/20,– € (A)/34,20 CHF

■ Kinder lernen Haustiere kennen

Ein Arbeitsbuch mit Steckbriefen, Sachgeschichten, Rätseln, Spielen und Bildkarten
4–8 J., 167 S., A4, Paperback (mit farbigen Abb.)
ISBN 978-3-8346-0703-4
Best.-Nr. 60703
19,80 € (D)/20,35 € (A)/32,– CHF

Forschen • Entdecken • Erleben